Seven Things Should Know about Divine Healing

by Kenneth E. Hagin

당신이 알아야 하는 신유에 관한 일곱 가지 원리

1판 1쇄 발행일 · 2000년 9월 20일
1판 7쇄 발행일 · 2023년 12월 12일

지은이 케네스 해긴
옮긴이 김진호
발행인 최순애
발행처 믿음의말씀사
2000. 8. 14 등록 제 68호
우)16934 경기도 용인시 기흥구 신정로 301번길 59
TEL. 031) 8005-5483 FAX. 031) 8005-5485
http://faithbook.kr

ISBN 89-951673-1-9 03230
값 7,000원

본 저작물의 한국어판 저작권은 케네스 해긴 목사님을 통해 FAITH LIBRARY와의 독점 협약으로 믿음의말씀사가 소유합니다. 저작권법에 의해 한국 내에서 보호를 받는 저작물이므로 무단 전재와 복제를 금합니다.

당신이 알아야 하는
신유에 관한 일곱 가지 원리

케네스 해긴 지음 | 김진호 옮김

믿음의말씀사

| 목차 |

역자 서문 _ 8

1 당신을 치료하는 것이 하나님의 뜻입니다
왜냐하면 치유는 그분의 구속 계획에
포함되어 있기 때문입니다 _ 11

2 질병은 하나님으로부터 온 것이 아니라
사탄으로부터 왔습니다
당신을 치료하는 것은 하나님의 뜻입니다 _ 21

3 하나님은 구약성경에서 뿐만 아니라,
신약성경에서도 치유를 제공하셨습니다 _ 25

4 말씀에는 치료받을 수 있는
  몇 가지 방법이 있습니다 _ 61

5 하나님이 초자연적으로 치료를 시작하는 것과
  우리가 우리의 믿음을 통하여 시작하는
  치료의 차이를 아십시오 _ 97

6 치료는 언제나 즉시 되는 것은 아니며,
  때로는 점진적으로 진행됩니다 _ 109

7 하나님의 치료의 방법은 영적인 것이며,
  우리는 그것을 놓쳐 버릴 수도 있습니다 _ 113

역자 서문

하나님은 병을 주시는 분이 아니라 치료하는 하나님 "여호와 라파"(출 15:26)라고 자신의 이름을 밝히셨습니다. 그럼에도 불구하고 사람들이 병의 원인을 "생사화복의 주관자"이신 하나님께 돌리는 것은, 마치 구약에서 하나님께서 축복할 자를 축복하시고 저주할 자를 저주하신다고 하시므로 모든 저주의 근원을 하나님께 돌리는 것과 같이 잘못입니다.

성경은 한 사람 즉, 아담으로 말미암아 죄가 이 세상에 들어오고 죄로 말미암아 사망이 들어오므로 이와 같이 모든 사람이 죄를 지었으므로 사망이 모든 사람에게 이르렀다고 말하고 있습니다(롬 5:12).

그리스도께서 우리를 위하여 저주를 받은 바 되사 율법의 저주에서 우리를 속량하셨으므로 우리는 신명기 28장 15-68절에 기록된 질병, 가난, 영적 죽음으로부터 자유할 수 있는 길을 얻게 되었습니다. 죄사함을 받을 뿐 아니라 병 고침을 받는 것은 그리스도께서 우리를 위해 해결해 놓으신 구원받은 자의 축복 중에 하나입니다.

그리스도의 구속 사건을 통하여 병 고침 받는 것은 구약에서 예언되었고(사 53:3), 예수님께서 성취하셨으며(마 8:17), 채찍에 맞으시는 주님을 목격하였던 제자 베드로를 통해 계시되었습니다(벧전 2:24). 예수님의 삶은 온통 자기에게 나아오는 자들을 고쳐 주시기에 바빴던 것을 복음서를 통해서 볼 수 있습니다. 쓸 데 없이 단순하고 확실한 하나님의 축복을 빼앗긴 것을 합리화하는 능력 없는 신학을 통해 이론을 찾지 말고, 성경대로 믿고 건강하게 살며 병든 자를 치료하시는 하나님을 선전하고 증거하는 데 쓰임을 받기로 결심하십시오.

사탄은 모든 질병의 원인입니다. 예수님은 마귀에게 눌린 모든 자를 고치셨습니다(행 10:38). 사탄은 도적질하고(이 놀라운 구원 속에 포함된 치유하시는 하나님을 알지 못하게 하는 것), 죽이고(병들게 하는 목적은 죽게 하는 것입니다), 멸망시키려 하는 자요, 예수님은 우리에게 생명을 얻되 풍성히 얻도록 하시기 위해 오셨다고 말씀하셨습니다(요 10:10). 병 고침은 하나님의 생명을 얻고 풍성히 얻게 하려는 목적에 부합됩니다.

하나님은 우리가 건강하게 살기를 원하십니다. 하나님은 우리를 빨리 천국으로 불러서 하나님과 함께 살게 하기 위해 질병을 주시는 분이 아닙니다. 또한 우리를 겸손하게 살게 하려고 질병을 주시는 분도 아닙니다. 질병은 하나님의 선물이 아닙니다.

우리의 믿음 없음을 탓하고 병이 나을 때까지 기도하고 싸우지 못함을 부끄러워 하고 불신앙을 신학적으로 성경의 구절들로 합리화하고 싶은 유혹을 물리치십시오. 저는 16세에 치유 받고 84세가 되도록 믿음으로 건강하게 사시는 저자에게서 한 해 동안 배우면서 다시 한번 더 말씀대로 예수님처럼, 그리스도인답게 믿음으로 살기로 결심했습니다. 참으로 "믿는 우리에게 베푸신 능력의 지극히 크심이 어떠한 것을 여러분과 저에게 알게 하시기를 구합니다"(엡 1:19).

김진호 목사
새로운 피조물 미니스트리 대표
예수선교사관학교장

1

당신을 치료하는 것이 하나님의 뜻입니다
왜냐하면 치유는 그분의 구속 계획에
포함되어 있기 때문입니다

성경은 하나님의 본성을 우리에게 계시해 주십니다. 또한 성경은 죄와 질병에 대한 하나님의 태도도 계시해 주십니다. 하나님의 본성은 세대가 바뀌어도 변하지 않으십니다.

하나님의 죄와 질병에 대한 태도도 변하지 않으십니다. 신유 divine healing를 이해하려면 이것을 알아야 합니다. 사실, 신유에 대하여 당신이 알아야 할 일곱 개의 원칙이 있습니다.

성경은 "… 두 세 증인의 입으로 말마다 확증하게 하라"(마 18:16)고 말합니다. 이사야, 마태복음, 베드로전서의 말씀이 "그가 스스로(예수님) 우리의 연약함을 담당하시고 우리의 병들을 짊어지셨다"고 같은 진리를 보여줍니다.

그는 실로 우리의 질고를 지고 우리의 슬픔을 당하였거늘 우리는 생각하기를 그는 징벌을 받아 하나님께 맞으며 고난을 당한다 하였노라 그가 찔림은 우리의 허물 때문이요 그가 상함은 우리의 죄악 때문이라 그가 징계를 받으므로 우리는 평화를 누리고 그가 채찍에 맞으므로 우리는 나음을 받았도다

사 53:4, 5

좋은 주석 성경에는 난외주에 "질고griefs"와 "슬픔sorrows"이란 단어가 히브리어로는 문자적으로 "아픔sickneses"과 "질병들diseases"이란 뜻이 있음을 말해주고 있습니다.

아이삭 리서 박사의 히브리 성경 번역본에는 – 유대정교 Orthodox Jews에 의해 인정받은 번역본임 – 이렇게 되어 있습니다. "우리는 실로 그가 하나님께 매 맞으며stricken, 때림을 당하며smitten, 고난을 당한다afflicted고 여겼건만 우리의 질병들diseases을 그가 스스로 짊어지셨고 우리의 고통들pains을 감당하셨다."

이는 선지자 이사야를 통하여 하신 말씀에 우리의 연약한 것을 친히 담당하시고 병을 짊어지셨도다 함을 이루려 하심이더라

마 8:17

이 말씀은 더 분명합니다. 마태는 이사야의 말씀을 인용하고 있습니다. 관주를 확인해 보면 그가 이사야 53장 4절을 인용하고 있음을 알 수 있습니다. 나는 "예수께서 나의 연약함을 담당하셨고 나의 질병들을 짊어지셨다"라고 말하기를 좋아합니다. 나는 이 말씀의 참 뜻을 아는데 수 년이 걸렸습니다. 예수님은 실제로 – 문자 그대로 – 우리의 아픔과 질병의 원인을 가져 가셨습니다took the cause of our sickness and disease. 그는 우리의 연약함을 담당하시고 우리의 질병을 짊어지셨습니다. 우리는 예수께서 우리를 위하여 죄를 담당하셨음을 알고 있습니다. 죄를 짊어지신 목적은 우리가 죄로부터 자유함을 얻게 하려는 것이었고 병을 짊어지신 목적은 병으로부터 우리를 자유케 하려 함에 있었습니다.

> 친히 나무에 달려 그 몸으로 우리 죄를 담당하셨으니 이는 우리로 죄에 대하여 죽고 의에 대하여 살게 하려 하심이라 그가 채찍에 맞음으로 너희는 나음을 얻었나니   벧전 2:24

위와 같이 이사야, 마태, 베드로 – 세 증인들 – 는 예수님께서 우리의 죄사함을 위하여 피를 뿌리셨을 뿐만 아니라 그가 맞은 채찍으로 우리가 나음을 입었다고 말합니다.

어떤 사람들은 이것을 믿지 않습니다. 제가 전에 읽은 주석

책의 저자는 "그가 채찍에 맞으므로 너희는 나음을 얻었나니"(벧전 2:24)의 의미가 육체의 치유를 말하는 것이 아니라 영적인 치유라고 주장하였습니다. 당신의 영이 그가 채찍에 맞으므로 나았다는 것이지요.

그러나 하나님께서는 죄인의 영을 치료하지 않으십니다. 성경에 의하면 우리가 거듭날 때 하나님은 영을 재창조하셔서 그 사람을 새로운 피조물로 만드신다고 하였습니다.

예레미야, 에스겔은 구약성경에서 이렇게 예언하였습니다.

> 여호와의 말씀이니라 보라 날이 이르리니 내가 이스라엘 집과 유다 집에 새 언약을 맺으리라   렘 31:31

> 내가 그들에게 한 마음을 주고 그 속에 새 영을 주며 그 몸에서 돌 같은 마음을 제거하고 살처럼 부드러운 마음을 주어   겔 11:19

하나님께서 인간의 영만을 치료한다고 믿는 사람들은 인간이 타락했다는 것(죄를 졌다는 것)을 믿지 않는 사람들입니다. 그들은 하나님께서 우리 모두를 온전케 하실 필요는 있지만 우리 모두가 조금의 신성은 가지고 있다는 비성서적인 주장을 합니다.

아닙니다! 죄인은 거듭나야만 합니다. 새사람이 되어야 합니다. 고린도후서 5장 17절에 묘사된 새로운 피조물이 되어야만 합니다.

> 그런즉 누구든지 그리스도 안에 있으면 새로운 피조물이라 이전 것은 지나갔으니 보라 새 것이 되었도다(관주에는 "새로운 피조물"을 "새창조"라고 번역할 수 있다고 되어 있습니다.)
>
> 고후 5:17

어떤 사람이 치료받을 때 아픈 부분이 사라지는 것이 아니고 새로워지는 것입니다. 질병도 물론 없어집니다. 병들었던 그 부분은 새 것이 되는 것입니다. (만일 내가 코에 부스럼이 있었는데 이것이 나았다면 내가 새 코를 갖는 것이 아닙니다. 이 코는 내가 지니고 있던 바로 그 코지요. 병들었던 부분이 새로워지는 것입니다) 그러므로 베드로전서 2장 24절은 영의 치유를 의미하는 것이 아닙니다. 이것은 문자 그대로 믿어야 합니다.

나는 오클라호마에서 열렸던 집회 중에 일어났던 일이 생각납니다. 내가 텍사스에 있을 때 알고 지내던 부부가 섬기던 교회에서 집회를 할 때였습니다.

그들은 "해긴 형제님, 오늘밤 우리 교회의 한 자매님을 데려올테니 기도 부탁합니다. 그녀는 하반신 마비 환자인데 지난

7년간 한 발자국도 걷지 못했지요. 우리는 그를 주(州) 내에서 최고의 전문의에게도 데리고 가 보았지만 그녀는 결코 걸을 수가 없었지요"라고 말했습니다.

보통 나는 기름 부음이 있을 때 치유 사역을 합니다. 나는 그녀가 참석한 밤 집회 때 너무 많은 사람들을 위해 기도하였기 때문에 그녀의 순서가 되었을 때에는 완전히 기진해 있었습니다.

여러분도 아시다시피 주님은 언제나 동일하시지만 나는 그렇지 못합니다. 잠재적인 기름 부음은 항상 내게 있지만 성령의 기름 부음이 항상 내게 나타나는 것은 아닙니다. 왜냐하면 몸이 지치면 하나님께 우리 자신을 드리기가 어렵기 때문이지요. 이 여인에게 이르렀을 때쯤 나는 너무 기진해 있었기 때문에 기름 부음의 나타남을 기대할 수 없는 상태였습니다.

'그들은 그녀를 멀리서부터 이 집회에 데리고 왔는데 나는 무엇을 하고 있는가? 그냥 그녀를 보내 버리란 말인가? 아니야, 그럴 수 없어.' 그녀를 섬기는 한 가지 방법이 있었습니다. 하나님의 말씀은 결코 실패하지 않습니다!

기름 부음은 약해질 수도 있고 사라지기도 하고 끝나버리기도 합니다. 그러나 하나님의 말씀은 영원토록 기름 부음이 있습니다.

할렐루야! 그의 말씀은 영이요 생명입니다. 나는 그녀를 내

옆에 앉힌 다음, 성경을 열어 그녀의 무릎 위에 펴고 이 구절 (벧전 2:24)을 가리키며 읽도록 하였습니다. 그리고 내가 물었습니다. "'You were healed'에서 'were'가 과거시제, 미래시제, 현재시제 중 어느 것입니까?"

어둠 속에 네온 빛이 켜지듯이 그녀의 얼굴을 가로질러 소망의 빛이 반짝하더니 "어머! 과거 시제인데요. 우리가 나음을 입었다면 나도 나음을 입었네요" 하는 것이었습니다(이것이 바로 하나님의 말씀을 말씀대로 믿는 것입니다).

"자매님, 내가 당신께 하라고 하는 것을 행하겠습니까?" "글쎄요, 쉬운 일이면 하지요." 그녀가 답하자 나는 이렇게 말했습니다. "이것은 당신의 일생에 가장 쉬운 일일 것입니다. 자 손만 높이 들고 하나님을 찬양하십시오. 왜냐하면 당신은 이미 나았기 때문입니다. '나을 것이다'가 아니라 이미 '나은 것'입니다."

나는 정말 여러분들이 이 하반신 마비된 여인을 보셨다면 얼마나 좋았을까 생각합니다. 그녀는 치료받은 증거가 없었습니다. - 그녀는 한 발자국도 걷지 못했습니다. - 그러나 그녀는 손을 쳐들고 위를 쳐다보며 얼굴에 웃음꽃이 피어나면서 이렇게 말했습니다.

"오 사랑의 하나님 아버지, 후 …… 내가 치료받은 것이 너무 기뻐요. 오, 주님! 주님은 내가 지난 몇 년 동안 앉아서 지냈

기에 얼마나 지쳐 있었는지 아시지요? 이제 나는 어쩔 수 없이 앉아 있을 필요가 없어 너무나 기쁘답니다." (보십시오! 그녀는 말씀대로 행하고 있습니다. 이것이 바로 믿음입니다.)

나는 일어서서 회중들에게 말했습니다.

"우리 모두 손을 들고 이 자매님과 함께 하나님을 찬양합시다. 왜냐하면 이 자매님이 치료받았기 때문입니다." (그러나 아무리 봐도, 그녀는 마비된 다리로 제단에 그냥 앉아 있을 뿐이었습니다.)

찬양을 마친 후에 나는 그녀에게 이렇게 말했습니다.

"자매님, 예수 이름으로 일어나 걸으십시오!" 하나님과 그 자리에 있었던 수백 명의 사람들은 그녀가 즉시 일어나 뛰기도 하고 달리기도 하면서, 성전에 들어가서 걷기도 하며 뛰기도 하며 하나님을 찬양했던 사도행전 3장 8절의 그 사람같이 춤을 추는 것을 본 증인입니다. 우리 모두는 소리치며 그녀와 함께 외쳤습니다. 그런데 그 중의 어떤 사람이 집회를 마치고 거짓말을 퍼뜨렸습니다.

그는 "해긴 목사가 지난밤에 이 여자를 고쳤어요"라고 말했습니다. 나는 여러분이나 어느 누구나 할 수 있었던 일 이상으로 한 것은 아무 것도 없었습니다. 예수님께서 약 2000년 전에 그녀를 고치셨고, 그녀는 이 사실을 그날 밤 발견한 것 뿐입니다!

어떤 사람은 베드로전서 2장 24절이 육체적 치료를 의미하는 것이 아니라고 주장하지만 내가 하반신이 마비된 이 여인에게 해 준 것은 오직 성경말씀 한 구절을 주었을 뿐입니다.

만일 이 말씀이 오직 영의 치료만을 의미한다면 하나님께서는 그녀를 육체가 아니라, 영으로만 치료했어야 합니다. 그러나 그녀는 육체를 치료 받은 것입니다.

친구들이여, 이 구절은 말한 그대로를 의미하는 것입니다. 그리고 이 구절은 우리들의 것입니다.

할렐루야! 그가 채찍에 맞으므로 우리는 나음을 입었습니다. 그분은 우리를 죄로부터 구속하셨을 뿐만 아니라, 그분은 우리를 질병으로부터도 구속하셨습니다. 당신을 치료하시는 것은 하나님의 뜻입니다. 결코 이 사실을 의심하지 마십시오. 왜냐하면 그분의 구속 계획에 치유가 포함되어 있기 때문입니다.

2

질병은 하나님으로부터 온 것이 아니라 사탄으로부터 왔습니다
당신을 치료하는 것은 하나님의 뜻입니다

하나님은 자녀들이 사탄에게 속한 그 어떤 것도 가지고 있기를 원치 않으십니다.

하나님이 나사렛 예수에게 성령과 능력을 기름 붓듯 하셨으매 그가 두루 다니시며 선한 일을 행하시고 마귀에게 눌린 모든 사람을 고치셨으니 이는 하나님이 함께 하셨음이라
행 10:38

예수님께서 고치신 모든 병든 사람들이 마귀에게 눌려 있었다고 성경이 말하는 것을 기억하시기 바랍니다. 당신은 성경이 병을 무엇이라고 부르는지 알아 차리셨습니까? 병은 사단의

압제satanic opression입니다. 예수님은 구원자이시며 사단은 압제자입니다.

> 그러면 열여덟 해 동안 사탄에게 매인 바 된 이 아브라함의 딸을 안식일에 이 매임에서 푸는 것이 합당하지 아니하냐
> 눅 13:16

만일 당신이 누가복음 13장을 전부 읽는다면 당신은 이 여인이 분명히 관절염같은 질병의 소유자라는 것을 알 것입니다. 왜냐하면 그녀는 바로 설 수 없었기 때문입니다. 예수님은 사탄이 그녀의 육체를 묶어 놓았다고 말씀하셨습니다.

> 도둑이 오는 것은 도둑질하고 죽이고 멸망시키려는 것뿐이요 내가 온 것은 양으로 생명을 얻게 하고 더 풍성히 얻게 하려는 것이라
> 요 10:10

예수님께서 "도적이 오는 것은…"라고 말씀하실 때 그분은 하나님이 아니라 마귀에 대하여 말씀하고 계신 것입니다. 하나님은 도둑이 아니며, 예수님도 도둑이 아니며, 성령님도 도둑이 아닙니다. 도둑은 훔치며, 죽이며, 파괴하려고 옵니다. 병은 도둑입니다. 병은 건강을 빼앗아 갑니다. 병은 행복을

앗아갑니다. 병은 우리가 다른데 필요한 돈을 앗아갑니다.

예수님께서 "내가 온 것은 양으로 생명을 얻되 더욱 풍성히 얻게 하려함이라"고 하실 때 그분은 자신의 일과 – 하나님의 일 – 마귀의 일을 대조하신 것입니다.

> 죄를 짓는 자는 마귀에게 속하나니 마귀는 처음부터 범죄함이라 하나님의 아들이 나타나신 것은 마귀의 일을 멸하려 하심이라
> 요일 3:8

이 목적을 위하여 아들이 오신 것입니다. 하나님의 아들이 나타나신 것은 마귀의 일들을 멸하기 위함입니다.

그렇습니다. 죄는 마귀로부터 말미암았고 예수님은 죄를 멸하려고 오셨습니다. 그러나 이것만이 그가 멸하신 모든 것이 아닙니다. 그는 또한 "두루 다니시며 착한 일을 행하시고 마귀에게 눌린 자를 고치셨으니"라고 사도행전 10장 38절의 말씀이 증거하고 있습니다.

예수님은 마귀의 일들을 멸하려고 나타나셨습니다. 여기 사도행전의 말씀도 아픈 것과 질병을 마귀의 일들이라고 부르고 있음을 주의하십시오.

우리가 이를 깨달으면 – 우리가 약함과 질병을 마귀와 죄를 다루듯이 다루기 시작할 때 – 우리는 그들에게 대항할 수 있고

항복하지 않을 수 있습니다. 우리의 첫 번째 실수는 우리가 그들에게 양보한 것입니다.

마귀가 우리 가정에 쳐들어와서 어린 자녀들을 질병으로 공격할 때 나는 화가 났습니다. 나는 마귀를 대항하였습니다.

나는 마귀에게 "너는 이 곳에 못 들어온다. 너는 들어올 권리가 없다!"라고 단호히 말했습니다.

나의 자녀들은 다 자랐습니다. 나의 아들 캔 주니어는 안수받은 목사이며, 레마 성경 훈련소의 이사입니다. 나의 딸 팻 역시 안수받은 목사이며, 그녀의 남편은 버디 헤리슨 목사로서 털사의 "믿음 그리스도 교회Faith Christian Fellowship"를 담임하고 있습니다.

나는 언제나 아이들을 기르는데 의료비라고는 37불 50센트밖에 들지 않았다고 사람들에게 말합니다. 캔 주니어가 태어났을 때 의사가 25불을 받았고, 이것이 1939년 공황 때의 의료비 수준이었습니다. 팻이 태어났을 때는 12불 50센트를 받더군요 (50퍼센트는 목사라고 할인해 주더군요! 자, 나를 오해하지 마십시오. 나는 아이들이 학교 갈 때가 되자 의사에게 데리고 가서 법의 요구대로 각종 예방주사를 맞혔는데 내가 살던 두 동네 모두 목사 가족은 무료였습니다).

하나님께 감사합니다. 치유는 우리에게 속한 것입니다. 우리는 마귀에게 대항하여 병을 물리쳐야 합니다.

3

하나님은 구약성경에서 뿐만 아니라, 신약성경에서도 치유를 제공하셨습니다

하나님은 옛 언약 아래 구약성경에서 아픈 것과 병든 것을 다루고 치유를 제공하셨습니다. 새 언약 아래 신약성경에서도 마찬가지입니다. 성경을 공부한 대부분의 사람들은 구약성경에서 하나님께서 병을 다루셨다는 것을 알고 있습니다. 더욱이 하나님의 본성에 관하여 구약성경으로부터 무엇인가를 배울 수 있습니다.

하나님의 언약의 백성인 이스라엘이 애굽으로부터 나왔을 때 하나님은 그들에게 말씀하셨습니다.

> 이르시되 너희가 너희 하나님 나 여호와의 말을 들어 순종하고 내가 보기에 의를 행하며 내 계명에 귀를 기울이며 내 모든 규례를 지키면 내가 애굽 사람에게 내린 모든 질병 중

하나도 너희에게 내리지 아니하리니 나는 너희를 치료하는
여호와임이라 　　　　　　　　　　　　　　　　출 15:26

히브리어는 문자 그대로 "나는 내가 애굽 사람들 위에 허락했던 질병들의 어느 것도 너희에게는 허락하지 않겠다"로 되어 있습니다.

하나님은 이스라엘인에게나 애굽인에게나 질병들을 주시지 않았다는 것을 주의하십시오. 사람을 병들게 하는 자는 "이 세상 신"인 마귀입니다.

여기서 여호와께서는 이스라엘의 치료자로 자신을 선언하고 계십니다. 그리고 출애굽기 23장에서 하나님은 이렇게 말씀하셨습니다.

네 하나님 여호와를 섬기라 그리하면 여호와가 너희의 양식과 물에 복을 내리고 너희 중에서 병을 제하리니 네 나라에 낙태하는 자가 없고 임신하지 못하는 자가 없을 것이라 내가 너의 날 수를 채우리라 　　　　　　　　　출 23:25-26

언젠가 어떤 목사님이 이런 질문을 하였습니다: "만일 당신이 안 아플 것이라면 당신은 어떻게 죽을 것인가요?" 여기 26절에서 이렇게 말하고 있습니다. "너희 날 수가 찰 것이니라"

하나님께서는 병을 제하여 버리시겠다고 약속하셨습니다. 즉 병들지 않고 다만 낡아지고 잠들고 고향으로 돌아갈 뿐이란 것입니다. 할렐루야!

이스라엘 사람들이 하나님과 맺은 언약을 행할 동안에는 그들 가운데 질병이 없었다는 것은 놀라운 사실입니다. 이스라엘이 그 언약을 지키는 동안에는 어린 아이들이나 젊은이들이 죽었다는 어떤 기록도 없습니다. 모든 사람이 그의 일을 마치기 전에 그의 충만한 나이에 이르렀으므로 조기에 사망한 경우도 없었습니다.

여호와 하나님은 그들이 필요한 바로 모든 것이었음을 알 수 있습니다!

신명기 7장에서 하나님은 이스라엘에게 말하셨습니다.

곧 너를 사랑하시고 복을 주사 너를 번성하게 하시되 네게 주리라고 네 조상들에게 맹세하신 땅에서 네 소생에게 은혜를 베푸시며 네 토지 소산과 곡식과 포도주와 기름을 풍성하게 하시고 네 소와 양을 번식하게 하시리니 네가 복을 받음이 만민보다 훨씬 더하여 너희 중의 남녀와 너희의 짐승의 암수에 생육하지 못함이 없을 것이며 여호와께서 또 모든 질병을 네게서 멀리 하사 너희가 아는 애굽의 악질에 걸리지 않게 하시고 너를 미워하는 모든 자에게 걸리게 하실 것이라   신 7:13-15

이것은 하나님께서 그의 자녀들을 얼마나 사랑하시며 복 주시며 번성케 하시는가를 말하고 있습니다. 하나님은 자궁의 열매와 땅의 열매와 가축 떼에게 복을 주시겠다고 말하십니다.

이 말은 하나님께서 그들의 물질을 번성토록 하시겠다는 뜻입니다. 그들은 모든 사람들보다 더 복을 받을 것입니다.

하나님의 백성과 관련된 모든 것들이 번영과 성공의 도장이 찍혀 있음을 보십시오. 아픈 것과 병든 것은 그들 가운데 용납되어 있지 않습니다.

15절을 보면, "여호와께서 또 모든 질병을 네게서 멀리 하사 … 애굽의 악질에 걸리지(히브리어로는 '허락하지') 않게 하시고 너를 미워하는 모든 자에게 걸리게 하실 것이라"

영어 성경에서 시편은 150장으로 된 한 책입니다만 히브리 성경은 다섯 권의 시편이 성경의 첫 다섯 권과 일치하게 되어 있습니다. 이 시편 책들은 이스라엘의 기도요 찬송가 책이었습니다.

만일 당신이 시편을 주의 깊게 읽어보면 그들이 하나님을 이스라엘의 치료자라고 계속 언급하고 있는 것을 알게 될 것입니다. 가장 중요한 예 중의 하나가 시편 103편입니다.

그가 네 모든 죄악을 사하시며 네 모든 병을 고치시며 네 생명을 파멸에서 속량하시고 인자와 긍휼로 관을 씌우시며 좋은 것으로 네 소원을 만족하게 하사 네 청춘을 독수리 같이 새롭게 하시는도다   시 103:3-5

질병이 이스라엘의 하나님의 율법에 대한 불순종을 통하여 들어 왔다는 사실은 분명합니다. 그들에게 있어 불순종에 대한 하나님의 용서는 그들의 몸의 치유를 의미했습니다.

하나님께서 "저가 네 모든 죄악을 사하시며 너의 질병들 중 반을 혹은 하나만 빼놓고 모두 고치신다"고 말씀하셨습니까? 아니지요 "네 모든 병"이라고 말씀하셨습니다.

시편 107편에서 하나님께서는 이스라엘에게 아픔과 질병의 이유는 그들이 하나님의 말씀을 거역하였으며 지극히 높으신 자의 뜻을 저버렸기 때문이라고 말씀하셨습니다.

미련한 자들은 그들의 죄악의 길을 따르고 그들의 악을 범하기 때문에 고난을 받아 그들은 그들의 모든 음식물을 싫어하게 되어 사망의 문에 이르렀도다 이에 그들이 그들의 고통 때문에 여호와께 부르짖으매 그가 그들의 고통에서 그들을 구원하시되 그가 그의 말씀을 보내어 그들을 고치시고 위험한 지경에서 건지시는도다   시 107:17-20

그들은 병들었습니다. 그들은 죽음의 문 가까이까지 끌려 갔습니다. 그때에 그들은 주께 부르짖었고 하나님은 그의 말씀을 보내사 치료하시고 그들을 구원하셨습니다.

그들은 하나님과 맺은 언약의 보호 밖으로 스스로 나갔습니다. 그들이 아픔이나 질병없이 온전한 수명lifespan을 다 사는 것이 하나님의 계획이었습니다.

우리는 이 말씀들을 읽고 기뻐할 수 있습니다. 하지만 어떤 사람들은 불신앙 가운데 앉아서 "글쎄, 맞기는 합니다만 그것은 구약성경에나 있고 또 오직 이스라엘 사람에게나 해당되는 것입니다"라고 말합니다.

그렇다면 내가 질문을 하겠습니다. 그때의 하나님은 지금의 하나님과 어디 다른 점이 있습니까? 하나님이 변하십니까?

하나님은 같은 분이십니다. 그 당시에 하나님께서 그의 백성들이 병드는 것을 반대하셨다면 그분은 지금도 반대하십니다. 왜냐하면 하나님은 결코 변함이 없으시기 때문입니다.

치유에 관하여 당신이 기억해야 할 세 번째 가장 중요한 원칙은 하나님께서는 구약성경에서 질병을 다루시고 치유를 제공하셨을 뿐만 아니라 신약성경에서도 병을 다루시고 치유를 제공하셨다는 것입니다.

예수님께서 환상 가운데 내게 나타나셨습니다. 예수님은 바로 이 주제에 관하여 말씀하고 계셨는데, "이스라엘은 하나님의 아들들이 아니다"라고 하셨습니다.

그들은 결코 거듭난 적이 없었습니다. 그들은 단지 구속에 대하여 약속어음만 지녔을 뿐이었습니다. 그들은 하나님의 종들이었습니다.

예수님은 또 내게 말씀하시기를 "만일 하나님께서 그의 종들이 아프기를 원치 않는다면 너는 그가 그의 아들들이 아프기를 원치 않는다는 것을 알 수 있지 않느냐?"고 하셨습니다. 할렐루야!

뿐만 아니라 성경은 우리가 더 좋은 약속에 근거한 더 좋은 언약을 소유하고 있다고 말하고 있습니다.

> 그러나 이제 그는 더 아름다운 직분을 얻으셨으니 그는 더 좋은 약속으로 세우신 더 좋은 언약의 중보자시라   히 8:6

만일 신유가 더 좋은 언약 아래에서 제공되지 않는다면 그것은 "더 좋은" 언약이 아닐 것입니다. 우리와 맺은 언약만큼 좋지 못한 언약 아래서도 이스라엘의 자녀들은 아픈 것이나 질병 없이 혹은 전혀 아프지 않고 그들에게 할당된 온전한 햇수를 살면서 인생을 통과할 가능성을 가졌었습니다.

그런데 우리는 더 좋은 언약 아래(새 언약) 살면서도 인생을 아픔과 고통으로 살아야만 한단 말입니까? 이것은 말도 안됩니다.

만일 한 언약이 다른 언약보다 더 좋은 것이라면 이것은 다른 것을 포함한 모든 것을 포함하고도 더 있다는 것입니다. 그렇지 않다면 이것은 더 좋은 것이 아니지요. 10불짜리 지폐가 5불짜리 지폐보다 낫습니까?

그렇습니까! 왜 그런가요? 10불짜리는 5불짜리의 가치를 포함하고도 더 큰 가치를 가졌기 때문입니다. 구약성경에서 하나님은 그의 말씀을 보내사 그들을 치료하셨다고 하셨습니다. 하나님이 보내신 말씀은 선지자들을 통하여 말해졌지만 신약성경에서 우리를 치료하기 위해 보내신 말씀은 하나님의 아들 예수 그리스도입니다!

이 기록된 말씀인 신약성경은 살아있는 말씀이며, 그분이 채찍에 맞음으로 우리가 나음을 입었다고 말하고 있습니다. 예수님은 우리를 치료하시는 하나님의 말씀이십니다.

> 태초에 말씀이 계시니라 이 말씀이 하나님과 함께 계셨으니 이 말씀은 곧 하나님이시니라 그가 태초에 하나님과 함께 계셨고 만물이 그로 말미암아 지은 바 되었으니 지은 것이 하나도 그가 없이는 된 것이 없느니라 … 말씀이 육신이 되어 우리 가운데 거하시매 우리가 그의 영광을 보니 아버지의 독생자의 영광이요 은혜와 진리가 충만하더라   요 1:1-3, 14

예수님을 인하여 하나님을 찬양합시다! 그분은 보내심 받은 말씀입니다. 그분 스스로 우리의 약함을 담당하시고 질병들을 짊어지셨습니다.

나는 이렇게 말하며 잠들 것을 확신합니다.

"하나님 우리 아버지께서 그분의 위대한 사랑과 긍휼 안에서 아무도 결코 병들지 않고, 모든 믿는 자들은 이 땅 위에서 자기의 온전한 인생의 길이를 살며 예수 안에서 마침내 잠들도록 계획하셨다"고 말입니다(각자는 이 세상을 떠날 때가 오면 알게 됩니다).

나는 1937년에 젊은 침례교 목사로서 성령 세례를 받고 방언을 말했습니다. 그 후로는 침례교도들 가운데서 그들로부터 "반쪽 교제"의 대상이었습니다. 결국 1939년 나는 북텍사스의 내지에 있는 작은 순복음교회로 목회지를 옮기게 되었습니다.

어느날, 나는 우리 교회의 한 여자 성도와 신유의 약속에 대하여 이야기하게 되었습니다. 이 자매는 감리교에서 자랐으며, 남편은 농부였습니다. 그녀가 말하기를 1918년쯤 그 작은 마을에 오순절 사람들이 와서 빈 가게 건물을 빌려서 부흥회를 개최했다고 했습니다.

그녀의 가족은 이 소식을 듣고 참석하기로 하였습니다. 그들은 짐차를 차 뒤에 달고 자녀들을 모두 태우고 이 집회에 참석하였습니다. 몇 번 참석하며 은혜를 받았습니다.

그 목사님은 신유에 대하여 설교를 하시고 병든 자를 위해 기도하였습니다. 사람들은 제단 주위에서 동시에 큰 소리로 기도를 하고 있었습니다. 그 가족 중에 단 한 사람, 집회에 참석하지 못한 사람은 93세된 할머니 뿐이었습니다. 그들은 밤 늦게 집으로 돌아왔습니다.

어느날 아침식사 시간에 할머니가 그 집회에 관하여 물었습니다. "글세, 할머니께서는 별로 좋아하지 않을지 모르지만…" 하고 그 손녀딸은 신유와 기름을 붓는 것과 손을 얹는 것에 관하여 설교하던 목사님에 관하여 이야기하기 시작했습니다.

그러나 할머니는 "할렐루야! 네가 그것을 깨달았다니 정말 기쁘구나"하고 외쳤습니다.

"할머니 무슨 뜻이예요?" 하고 손녀딸이 묻자, 그녀는 이렇게 말했습니다. "40여년 전 우리 교회에 신유에 관하여 설교하시는 분이 오셨는데 그분은 우리가 나와서 그리스도를 우리의 치료자와 의사로서 영접하라고 초청하였단다. 마치 우리가 주님을 구주로 영접할 때와 똑같이 말이다. 나도 다른 사람들과 함께 앞으로 나갔단다. 너는 지난 40년간 내가 아픈 것을 본 적이 있느냐?" "어머, 아니예요. 우리는 그저 할머니는 매우 강한 체질의 소유자라고만 생각해왔지요!"

"아니란다." 할머니는 이어서 "나는 예수님을 나의 의사로 모셔들였단다. 나는 40년간 아파본 적이 없었지. 이제 내 나이

93세인데 내가 아픈 곳이나 질병도 없이 본향으로 돌아가게 된다는 것을 아는게 너희에겐 관심이 쏠리지 않니? 나는 내 평생에 단 하루도 아프지 않을 것이다!"라고 말했습니다.

우리는 불쌍한 노인이 이제 노망이 들었다고 생각했으나 할머니는 오히려 그 집회에 계속 나가라고 격려했습니다.

할머니는 94세까지 사셨습니다. 날이 밝으면 남자들과 손자들은 들에 일하러 나가야 하므로 그녀는 새벽에 다른 가족들과 함께 일어나곤 했습니다.

할머니는 아침식사를 하신 후에 항상 그릇 설거지와 부엌 청소를 하셨고, 그동안 손녀딸은 침대를 정리하고 집안을 청소했습니다.

그들은 아홉시까지 바느질방에서 만나게 되었습니다. 손녀딸이 바느질을 하는 동안 할머니는 성경을 그녀에게 읽어주셨습니다.

그녀는 기억하기를 "어느날 아침 식탁에서 할머니는 자기가 오전 10시에 돌아가실 것이라고 말했습니다. 우리는 별 관심 없이 들었지만 제 남편은 들에 일하러 나가기 전에 '할머니가 아침에 뭐라 그랬지? 돌아가실 것이라고 생각하고 계신 모양이지?' 하고 말했습니다. 우리는 할머니가 의미한 바를 이해하지 못했습니다."

할머니는 여덟 명의 아이들과 어른 세명의 아침식사 그릇 설

신약성경에서도 치유를 제공하셨습니다 35

거지를 다 하신 후 부엌을 닦으신 후 9시에 바느질방에서 그녀의 손녀를 만나셨습니다. 그리고 그녀에게 성경을 읽어주기 시작했습니다.

그 손녀는 "정확히 10시 10분전에 할머니는 내게 고개를 돌리더니 '내가 이것을 읽어주마' 하시고는 요한계시록 20장과 21장을 읽으셨습니다. 약 10시쯤 두 장을 다 끝내시더니 '저기 예수님이 계시는구나. 이제 나는 가야만 한다! 안녕!' 하시고 손을 흔들더니 의자에 앉으신 그대로 돌아가셨습니다"라고 말했습니다(그녀는 감리교도 였습니다. 하나님을 송축합시다. 감리교도에게 역사한다면 아무에게나 다 되어야만 합니다).

오 할렐루야! 우리는 너무나 많이 하나님을 값싸게 팔아버렸습니다. 당신은 혹시 "그것이 하나님의 나에 대한 뜻은 아닐 수도 있지요."라고 말하실지도 모르지만 당신이 이 경우라면 지금 즉시 하신 말씀을 취소해야 합니다. 당신은 병들 것과 병들어 일찍 죽을 것을 말하고 있는데 당신은 당신의 말한 것을 얻게 될 것입니다. 왜냐하면 예수님께서 이렇게 말씀하셨기 때문입니다.

내가 진실로 너희에게 이르노니 누구든지 이 산더러 들리어 바다에 던져지라 하며 그 말하는 것이 이루어질 줄 믿고 마음에 의심하지 아니하면 그대로 되리라   막 11:23

다시 한번 말씀드리겠습니다. "그리스도인들이 고통과 고뇌를 가져오는 암이나 다른 무서운 질병으로 고통받는 것은 하나님 아버지의 뜻이 아닙니다. 우리가 이 땅에서 온전한 시간의 길이를 사는 것이 하나님의 뜻입니다."

이스라엘이 구약의 율법을 지키는 한 그들 가운데 아무 병이 없었습니다. 그러나 그들이 죄를 범할 때 그들의 몸은 질병으로 가득찼습니다. 그들은 율법을 어기고 하나님의 말씀을 어겼으므로 병들게 되었습니다. 그들이 죄짓고 그들의 몸이 질병으로 가득찼을 때도 그들은 주께 돌아와 죄에 대한 용서를 받고 몸의 치유를 얻을 권리가 있었습니다. 왜냐하면 성경은 "그가 네 모든 죄악을 사하시며 네 모든 병을 고치시며"(시 103:3)라고 말하고 있기 때문입니다.

치료는 신약에도 있습니까? 야고보서를 같이 봅시다.

> 너희 중에 병든 자가 있느냐 그는 교회의 장로들을 청할 것이요 그들은 주의 이름으로 기름을 바르며 그를 위하여 기도할지니라   약 5:14

당신은 첫 번째 문장 끝에 물음표가 있는 것을 알아채셨습니까? 야고보는 묻고 있습니다. "너희 중에 병든 자가 있느냐?" 당신이라면 오늘날 교회에 편지를 쓰면서 "너희 중에 병든 자가 있느냐?"라고 쓰지 않을 것입니다. 오히려 "여러분 중에 85~90%는 병들었습니다"라고 쓸 것입니다.

야고보의 질문은 그들 중에 병든 자가 있어서는 안된다는 것을 암시하고 있습니다. 이 말은 그들이 베드로전서 2장 24절의 "저가 채찍에 맞으므로 너희는 나음을 얻었나니"라는 말씀을 알았으리라는 것을 암시하고 있습니다.

그러나 "너희 중에 병든 자가 있느냐? 그는 교회의 장로들을 청할 것이요" 이 교회는 무슨 교회입니까? 이 교회는 거듭난 자들로 구성된 신약의 교회입니다. 어떤 이들은 자기들만이 바로 "그 교회"라고 생각하는데 그렇지 않습니다. 그들만이 예수 그리스도의 교회의 전부가 아니요 오직 "주님의 교회"의 일부분일 뿐입니다.

제 이야기를 들어보십시오. "초대교회"가 오늘날의 교회와 정말로 다른 것은 없었습니다. 그때에 그리스도가 교회의 머리였듯이 지금도 그분은 교회의 머리이십니다. 나는 그들이 속했던 바로 그 교회에 속해 있습니다. 나는 신학대학원의 한 교수가(교육은 많이 받았지만 성경에 대해서는 잘 모르고 있는) 야고보서 5장 14절은 유대인에게만 해당된다고 말한 것을 읽은 적이 있습니다.

그는 말하기를 야고보는 흩어진 유대 12지파들에게 말하고 있는 것이라고 했습니다. 그는 또한 하나님께서 유대인들과 치료의 언약을 하셨으므로 그들은 새 언약 아래서도 치료받을 수 있지만 이방인들은 이 언약에 포함되지 않았으므로 결코 치료받을 수 없다고 말했습니다.

그러나 여기에서 성경은 "너희 중에 병든 자가 있느냐 저는 교회의 장로들을 청할 것이요"라고 말하고 있습니다. 이 불쌍한 친구는 "누구든지 들어 올 수 있는" "그 교회" 안에 이방인들도 있다는 것을 깨닫지 못했습니다. 그러므로 치료는 유대인 신자에게만 속한 것이 아니라 모든 "교회"에 속한 것입니다.

갈라디아서는 갈라디아의 모든 교회들을 위해 쓴 편지입니다. 이 교회들은 모두 이방인들의 교회였습니다. 하나님의 성령은 사도 바울을 통해서 분명히 말하고 있습니다.

그리스도께서 우리를 위하여 저주를 받은 바 되사 율법의 저주에서 우리를 속량하셨으니 기록된 바 나무에 달린 자마다 저주 아래에 있는 자라 하였음이라 이는 그리스도 예수 안에서 아브라함의 복이 이방인에게 미치게 하고 또 우리로 하여금 믿음으로 말미암아 성령의 약속을 받게 하려 함이라

갈 3:13, 14

율법의 저주 중의 하나가 병이므로 우리는 이렇게 의미를 확대하여 번역할 수 있습니다. "그리스도께서 우리를 위하여

저주를 받은 바 되사 병의 저주로부터 우리를 속량하셨으니…이는 아브라함의 복이 이방인에게 미치게 하고…"

주님께 영광을 돌립니다!

나는 어린 나이에 병들어 침대에 누워서 성경을 공부하다가 나의 병이 나을 수도 있고 물질적으로도 풍요하게 살 수 있다는 가능성을 제시한 성경 구절들을 발견하였지만 사람들은 늘 내게 "그런 것은 유대인들에게만 해당된다"고 말해서 나는 그들의 말이 옳은 줄 알고 이 귀한 깨달음의 빛을 이런 말하는 사람들이 꺼버리도록 내버려 두었습니다.

하나님께서 유대인들은 병이 없고 풍요하고 성공적인 삶을 살기 바라면서 그분의 독생자를 보내어 죽게하신 교회는 병들고 고통당하며 비참한 상태에서 가난에 찌들어서 코를 방앗간에 갖다대고 곡식을 주으며 "겨우 살아가는" 거리의 그 블럭맨 끝 바로 옆의 "불평" 골목에서 살아가기를 바란다는 것이 정말 이상하지 않습니까?

만일 그렇다면 왜 하나님의 아들 예수 그리스도께서는 "너희가 악한 자라도 좋은 것으로 자식에게 줄 줄 알거든 하물며 하늘에 계신 너희 아버지께서 구하는 자에게 '좋은 것으로' 주시지 않겠느냐"(마 7:11)고 하셨겠습니까?

당신에게 자녀가 있다면 당신은 자녀가 아프고 병드는 것을 원하십니까? 물론 아니지요! 당신은 그들이 인생을 가난속에서 구걸하며 지내는 것을 원하십니까? 결코 그렇지 않을 것입니다.

많은 부모들이 자녀들은 자기들보다 나은 교육을 받을 수 있게 하기 위해 손가락이 다 닳도록 일합니다. 왜 그럴까요? 그들을 사랑하기 때문이며, 그들의 인생이 좀 더 살기 쉬워지기 때문입니다. 자, 당신은 하나님께서 우리를 육신의 부모보다 덜 사랑하신다고 생각하십니까? 예수님은 우리를 더 사랑한다고 말씀하셨습니다.

나는 이 사실을 발견하고서 얼마나 감격했던지요. 나는 지금까지도 이 복음을 외치기를 멈추지 않습니다.

한번은 하나님께서 주일 아침 설교 문제로 나를 다루셨습니다. 그때 나는 텍사스의 한 큰 교회에 초청받아 설교하고 있었습니다. 주님께서 말씀과 본문을 주셨고, 나는 그 주제에 대하여 설교를 했습니다. 제목은 "그는 우리를 가난의 저주로부터 구속하셨다"였습니다. (그 교회에는 주일 아침에만 나오는 그리스도인들이 있었으므로, 나는 그들이 자신에게 속한 것이 무엇인지 발견하기를 바랐습니다.) 설교 후에 그 교회 담임목사님께서 나를 주일 저녁식사에 데리고 나갔습니다. 그는 그곳에 앉아서 한탄하면서 울면서 내게 말했습니다. "해긴 형제, 나도 정말 오늘 설교 말씀을 믿을 수 있다면 좋겠네. 정말 그럴듯한 소리네. 나는 하나님께서 내가 살면서 무엇인가 가지기를 원한다는 것을 믿을 수만 있다면 좋겠네."

나는 그에게 말했습니다. "하나님의 말씀을 믿읍시다. 나는 그 말씀의 약속을 믿을 수 있습니다! 이 말씀은 성경에 기록되어 있습니다. 그리고 하나님은 하나님이 지불한 그것을 내가 가지기를 원하십니다."

이 목사님은 지금까지 아프고 병들고 가난했으며, 비극과 빚 외에는 다른 것을 가진 적이 없었습니다. 그는 이 말씀을 믿고 싶었지만 믿을 수가 없었습니다. 그는 신약성경의 가르침을 받는 대신에 종교에 깊이 들어가서 종교적인 가르침에 세뇌가 되어 있었습니다.

그는 하나님이 그런 분이시며 하늘의 아버지께서는 그런 아버지란 것을 믿을 수 없었습니다. 그러나 하나님은 이렇게 좋으신 분임을 감사합니다. 하나님 아버지는 그런 분이십니다.

이사야서 53장은 주 예수 그리스도, 오실 메시야의 모습을 그림처럼 그려서 보여 주고 있습니다. 히브리어의 문자적 번역은 아래와 같습니다.

그는 멸시를 받아 사람들에게 버림 받았으며 간고를 많이 겪었으며 질고를 아는 자라 마치 사람들이 그에게서 얼굴을 가리는 것 같이 멸시를 당하였고 우리도 그를 귀히 여기지 아니하였도다 그는 실로 우리의 질고를 지고 우리의 슬픔을 당하였거늘 우리는 생각하기를 그는 징벌을 받아 하나님께 맞으

며 고난을 당한다 하였노라 그가 찔림은 우리의 허물 때문이
요 그가 상함은 우리의 죄악 때문이라 그가 징계를 받으므로
우리는 평화를 누리고 그가 채찍에 맞으므로 우리는 나음을
받았도다 우리는 다 양 같아서 그릇 행하여 각기 제 길로 갔
거늘 여호와께서는 우리 모두의 죄악을 그에게 담당시키셨
도다 사 53:3-6

He was despised and shunned by men; a man of pains, and acquainted with disease; and as one who hid his face from us was he despised, and we esteemed him not. But only our diseases did he bear himself, and our pains he carried: while we indeed esteemed him stricken, smitten of God, and afflicted. Yet he was wounded for our transgressions, he was bruised for our iniquities: the chastisement for our peace was upon him; and through his bruises was healing granted to us. Isa. 53:3-6

우리가 바로 범법자들이요, 우리가 바로 죄인들입니다. 이 벌은 우리에게 와야만 합니다. 이 성경말씀은 오늘날 교회와 세상이 맞고 있는 질병과 죄악의 문제와 관련이 있습니다.

하나님은 인간의 영, 혼, 육을 다루시므로 우리의 죄악과 질병을 예수님께 감당시키셨습니다. 마태는 이렇게 말했습니다. "우리의 연약한 것을 친히 담당하시고 병을 짊어지셨도다"(마 8:17). 이것은 새 언약, 즉 신약에 있습니다. 새 언약에서도 치료는 우리에게 속한 것입니다. 자, 이제 야고보서 5장 14절, 15절로 돌아갑시다.

> 너희 중에 병든 자가 있느냐 그는 교회의 장로들을 청할 것이요 그들은 주의 이름으로 기름을 바르며 그를 위하여 기도할지니라 믿음의 기도는 병든 자를 구원하리니 주께서 그를 일으키시리라 혹시 죄를 범하였을지라도 사하심을 받으리라
>
> 약 5:14, 15

여기서 구원을 말하고 있는 것이 아닙니다. 왜냐하면 "주께서 그를 일으켜 세우리라" 했으니까요. 그러나 이것이 전부가 아닙니다. 15절에서 우리가 간과한 것을 말씀드리겠습니다.

"혹시 죄를 범하였을지라도 사하심을 받으리라" 그가 무엇을 했다고요? 죄를 범했다고 했습니다. 나는 사람들이 "주님은 그 형제를 치료하시지 않을 것입니다. 그는 죄를 졌으니까요. 그가 잘못 했지요. 나는 주께서 그를 치료하지 않을 것을 압니다"라고 말하는 사람들을 보았습니다.

그런데도 내가 그를 위해 기도하자 그는 치료함을 받았습니다. 어떤 사람들은 "저 해긴 친구가 틀렸어. 그 친구가 이 사람을 위해 기도하여 고침을 받게 했으니 말이야. 나는 그가 죄 지은 것을 알고 있거든"하고 내게 말했습니다.

그렇다면 그들은 왜 그가 회개한 것은 몰랐을까요?

하나님의 긍휼히 여기심은 늘 나를 놀라게 합니다.

몇 년 전에 내가 생각하기에 치료받지 못하리라고 확신하던 사람이 치료받고, 확실히 치료받으리라고 생각되던 훌륭한 교회 성도는 치료받지 못한 것을 보았을 때 나는 하마터면 하나님께 "주님, 왜 저 사람을 고쳐 주셨습니까?"라고 말하면서 따질뻔 하였습니다.

나는 둘째 손녀가 태어날 때쯤 남텍사스에서 집회를 열고 있었습니다. 아내는 딸과 함께 있으려고 집으로 갔기 때문에 나 혼자 집회를 인도하고 있었습니다.

첫 주의 집회는 죽은 것 같았습니다. 그곳은 내가 집회를 했던 곳 중에 가장 힘든 곳 중의 하나였습니다.

둘째 주 화요일 밤 쯤에 하나님의 영이 한 남자에게 역사하셨습니다. 지식의 말씀이 그를 통하여 나타났습니다. 몇 사람이 치료를 받았습니다. 다른 사람들은 성령으로 방언과 통역을 체험했습니다. 그러나 하나님이 이 사람을 사용하시므로 이 집회를 살리셨습니다.

나는 강단 위에 앉아서 스스로 이렇게 말했습니다. "드디어 이 집회의 전환점이 왔다. 이제부터 마치 전혀 다른 집회처럼 될 것이다." 그리고 실제로 그렇게 되었습니다. 그 집회의 전반과 후반은 밤과 낮처럼 달랐습니다. 하나님께서는 측량할 수 없을 정도로 우리를 축복하셨습니다. 위대한 일들이 일어나고 사람들이 치료받는 것을 목격하였습니다.

그때 나는 여행용 트레일러에 묵고 있었습니다. 저녁 10시 뉴스를 보고 TV를 끈 다음 침대에 들어갔는데 무엇인가가 나를 괴롭혔습니다. 바로 그날 나는 그 도시의 중심가를 가로질러 운전을 하다가 집회에서 하나님이 크게 역사하신 바로 그 사람이 사창가로 들어가는 것을 보았습니다.

여러분에게도 이런 일이 일어나면 여러분의 마음은 갑자기 상상력이 발동되지 않습니까? 이럴 때 우리는 그 사람이 거기서 무엇을 하고 있을까 하고 상상하기 시작합니다. 그 다음부터는 마귀가 당신 생각을 주관하여 여러 가지 생각들로 당신 머리를 채워 줍니다. 내가 그 블록을 한바퀴 운전하여 돌아서 다시 그 자리에 왔을 때도 그는 아직도 그 자리에 있었습니다. 나는 그가 얼마나 거기 있었는지 모릅니다. 그날 밤 나는 침대에 누워서 잠을 청했습니다만 그 생각이 계속 나를 괴롭혔습니다. '왜 하나님은 저 친구를 사용하실까?' 며칠 후에야 나는 무엇인가를 알게 되었습니다.

그 생각은 나를 떠나지 않았습니다. 나는 잠을 자려고 한 30분간 애를 썼습니다(나의 아내는 내가 대개 내 머리가 베개에 닿는 순간 잠이 든다는 것을 압니다).

마침내 나는 침대에서 일어나서 이렇게 말씀드렸습니다. "좋습니다. 주님! 좋습니다. 제가 주님께 여쭈어 보겠습니다. 왜 주님은 그 친구를 사용하셨습니까? 주님께서는 그 친구가 사창가로 들어가는 것을 내가 보았듯이 보시지 않으셨습니까? 그런 행동을 하는 사람이 말은 어떻게 했는지 주님도 저와 같이 그가 말한 것을 듣지 않으셨습니까? 나는 오늘밤 주님께서 역사하셨다는 것을 압니다. 나는 하나님의 영을 감지할 수 있습니다. 나는 주께서 그에게 계시하셨고 그를 통해 역사하셨고 치료가 일어났음을 알고 있습니다. 나는 내 눈앞에서 기적들이 일어나는 것을 보았으니까요. 그러나 하나님, 왜 당신은 80세가 된 모 자매님을 사용하실 수 없었나요. 그녀는 50년이 다 되도록 주님의 길만을 걸었지 않습니까? 그녀는 성령 충만 받고 경건하고 거룩하고 구별되었고…. 만일 당신이 그녀를 사용하시기 원치 않으신다면 왜 이런 사람들(나는 다른 몇 사람의 이름을 언급했습니다)을 사용하시지는 않으시나요?"

나는 내 가슴 속에 있던 것을 다 말씀드렸습니다. 그리고 주님께서 대답하시기를 기다렸습니다. 마음속 깊은 곳으로부터 나는 이런 음성을 들었습니다. 얼마나 강하게 내게 엄습해 왔는지 누군가 주먹으로 내 배를 친 것 같았습니다. 나는 배를 움켜잡았습니다.

그분은 내게 "너의 문제는 네 자신이 설교한 것도 믿지 않는 것이다"라고 말씀하셨습니다. 나는 나를 방어하려고 이렇게 말했습니다. "주님, 주님은 내 마음 깊은 곳을 건드리셨습니다. 나는 말씀 만큼은 분명히 믿는 사람입니다. 나는 말씀을 믿습니다."

"아니다, 너는 믿지 않는다. 너는 어제 아침에 성경공부 시간에 이사야 43장으로부터 '나 곧 나는 나를 위하여 네 허물을 도말하는 자니 네 죄를 기억하지 아니하리라(25절)' 란 말씀을 가르치지 않았느냐."

"너는 그 친구가 그곳에 들어간 것을 보았을지라도 무슨 일이 일어났었는지는 알지 못하지 않느냐. 그는 그가 들어가게 된 것을 깨닫자 '사랑하는 하나님 내가 어떻게 된 것입니까? 나는 여기 들어오려고 하지 않았는데요. 주님, 나를 용서해 주세요' 라고 말했고 나는 그가 이미 회개했으므로 그가 어떤 잘못을 했는지 더 이상 기억하지 않는다"

그렇습니다. 그분은 우리의 회개한 죄들을 기억하시지 않습니다. 우리가 사람의 죄를 기억하지, 하나님은 기억하지 않으십니다. 어떻게 하나님이 기억 않으실 수 있는지는 당신이 하나님께 여쭈어 보십시오. 나는 모릅니다. 나는 알고 싶지도 않고 그냥 믿을 뿐입니다.

그분은 제게 말씀하셨습니다. "너는 내가 왜 그 자매를 사용할 수 없었느냐고 물었는데 너는 그 자매가 40년간이나 불순종하였다는 것을 모르고 있다. 너는 그것을 겉으로만 보고 알 수가 없다. 그녀는 교회에 다니고 바르게 살며 겉보기에만 훌륭하다. 그러나 이 사람은 죄를 지었지만 회개하였다. 나는 그가 무슨 잘못을 했는지 더 이상 기억하지 않는다."

나는 주님께 "주님 감사합니다. 주께서 원하시는대로 그를 사용하십시오. 저는 좋습니다. 나는 나의 설교한 것을 믿도록 하겠습니다"라고 말하고는 잠을 잤습니다.

때때로 사람들은 말하기를 "하나님의 역사일 리가 없습니다. 그 친구는 이랬고 그 여자는 저랬던 사람이니까요. 그런 사람들을 통해 하나님이 역사할 수가 없습니다"라고 합니다. 그러나 그들이 회개했다면 하나님께서는 그들이 행한 어떤 잘못도 기억조차 않으십니다. 이제 이해가 됩니까?

종종 사람들은 누군가에게 "당신은 이런 잘못이 있지요. 이제 그 값을 치르셔야 합니다. 하나님께서 그것으로 당신을 영원히 추궁할 것입니다. 당신은 아프고 병든 상태로 인생을 살아야만 합니다"라고 그들에게 말한 것 때문에 자신들에게 속한 치료를 빼앗기고 삽니다.

휴스턴에 있는 한 사람이 내게 이렇게 말했습니다. "의사가 말하기를 '만일 당신이 그 일을 계속한다면 당신의 심장 상태와 고혈압, 신장병, 간기능 장애로 몇 분 내에 죽을 수 있습니다'라고 했습니다."

1950년대의 이야기입니다. 미국의 모든 신유 부흥사는 모두 그에게 손을 얹었으나 아무 낌새조차 없었습니다. 나도 그에게 두 번이나 손을 얹었으나 그는 치료받지 못했습니다. 그는 "나는 36년간 치료받기에 실패하였습니다. 나는 수많은 방법을 시도해 보았으나 치료받지 못했습니다. 나는 그리스도인으로서 최선의 노력을 하였습니다"라고 말했습니다.

나는 그에게 야고보서 한 구절을 보여주었습니다. "주께서 저를 일으키시리라. 혹시 죄를 범하였을지라도 사하심을 얻으리라(원문에는 "죄"가 복수로 되어 있습니다)."

"무슨 끔찍한 죄를 지난 36년간 지으셨습니까?"

"몇 사람이라도 죽였습니까?"라고 내가 물었습니다.

"죽이다니요?" 그가 대답했습니다.

"은행이라도 몇 개 털었나요?"

"그런 일 없습니다."

"그렇다면 형제는 무슨 큰 죄를 저지르셨습니까?"

"내가 고의로 저지른 죄라면 별로 진 것이 없습니다. 그러나 하지 않은 죄가 문제지요. 나는 내가 했던 것보다 훨씬 더 많이 할 수 있었는데 하지 않았습니다. 나는 선교사역에 더 많이 헌금을 할 수 있었는데 안 했습니다."

"회개하셨나요?"

"그럼요."

"그 죄는 용서받았습니다."

"자 이제 그분께서 당신을 치료하도록 하십시오."

나는 이렇게 말한 후 그에게 손을 얹었습니다. 그는 일하다 죽기는 커녕 75세가 될 때까지 일하였으며 내가 마지막 그의 안부를 들었을 때까지도 살아 있었습니다. 그는 죄를 지었었다는 사실 때문에 마귀가 그를 속이도록 내버려 둔 것입니다.

내 말은 사람들이 나쁜 짓을 하거나 죄를 지으란 것이 아니고 마귀가 당신의 지은 죄 때문에 당신의 병고침 받는 것을 빼앗지 못하도록 하라는 것입니다.

사람들은 내게 이렇게 묻곤 합니다. "해긴 형제, 치료가 우리 것이라면 왜 우리 교회에서는 안되지요?"

그 이유를 말씀드리겠습니다. 당신이 다니는 교회에서는 신유에 관하여 설교하지 않기 때문입니다. 치료는 우리 것입니다. 예수님께서 우리를 위하여 값을 치르셨습니다. 치료가 벚나무에서 익은 버찌가 떨어지듯이 우리에게 나타나는 것은 아닙니다. 구원도 마찬가지입니다. 당신은 이런 생각을 해 보았습니까? 예수님은 우리를 위해 그냥 죽으신 것이 아닙니다. 그분은 자신의 피를 뿌리셨고 죽으셨으며 세상에 사는 모든 사람을 위하여 몸값을 지불하셨습니다. 구원이나 거듭남이나 죄를 사함 받음은 당신의 것인 것과 똑같이 당신이 살고 있는 도시 거리를 거니는 가장 죄 많은 창녀의 것이기도 합니다. 그녀의 것인데 왜 그녀는 그것을 소유하지 못합니까? 왜냐하면 구속은 그냥 떨어지는 것이 아니기 때문입니다. 그것이 물론 당신 것일지라도 당신이 무엇인가 행해야 합니다. 당신은 그것을 받아들이거나 거부하거나 할 수 있습니다. 당신은 로봇이 아닙니다. 하나님은 그분의 축복들을 당신 위에 그냥 쏟아 놓으시지 않을 것입니다.

예수께서 말씀하셨습니다.

> 또 이르시되 너희는 온 천하에 다니며 만민에게 복음을 전파하라 믿고 세례를 받는 사람은 구원을 얻을 것이요 믿지 않는 사람은 정죄를 받으리라   막 16:15-16

거듭난 후일지라도 우리는 자유로운 도덕적 결정을 하며 살 수 있습니다. 우리가 기계가 되는 것이 아니니까요. 나는 미국 남침례교 집안에서 태어나 양육을 받았습니다. 나는 일생동안 거듭남에 대하여 설교하는 것을 들었습니다. 나는 아홉 살이 되었을 때 교회에 등록하고 물 속에서 침례를 받았습니다. 많은 사람들은 교회에 등록하는 것이 중생한 것인줄로 오해하고 있습니다. 십대 소년으로 앓아 침대에 누워 있으면서도 나는 구원받지 못했으며 구원받은 적도 없다는 것을 깨닫게 되었습니다. 나는 하나님을 모르고 있었습니다. 구원에 관한 설교를 들어왔고 하나님은 나를 용서해 주시리라는 것은 알고 있었기 때문에 나는 예수 이름으로 하나님께 부르짖었습니다.

그것은 마치 2톤 쯤 되는 덩어리가 내 가슴으로부터 떨어져 나가는 것 같았습니다. 평안이 찾아왔습니다. 정말로 그때는 내가 죽거나 살거나 아무 차이가 없었습니다. 나는 그렇게 충만하였고 행복했습니다.

만일 치료가 나를 위한 것이라면 왜 저절로 "떨어지지" 않았을까요? 그 당시 내가 알고 있던 것은 구원이 전부였습니다. 나는 구원이 성경의 전부라는 설교를 들었습니다. 나는 그 이상은 믿을 수가 없었습니다.

내가 하나님께 대한 문을 닫고 있었기 때문이지요. 더 좋은 단어가 없어서 나는 겸손한 마음으로 이렇게 말하겠습니다. '하나님과 성령님은 온전한 신사이시다' 라고. 그분들은 당신에게 억지로 무엇을 강요하는 분들이 아닙니다. 그러나 마귀는 신사가 아닙니다. 문을 조금 열면 그의 발을 그 틈새에 밀어 넣습니다. 그는 악한 영들을 몰아 세워서 사람들로 하여금 무엇을 하도록 강요합니다. 성령님은 결코 무력을 사용하지 않으십니다. 성령님은 신사적이고 부드럽습니다. 성령님께서 누구를 강제로 무엇을 하게 했다는 것을 성경에서 읽지 못했을 것입니다. 성령님은 사람들을 인도하시는 분입니다.

> 무릇 하나님의 영으로 인도함을 받는 사람은 곧 하나님의 아들이라
> 롬 8:14

성령님은 당신을 인도하실 것입니다. 그분을 따르는 것은 당신에게 달려 있습니다. 나는 이 사실을 몰랐습니다. 그러므로 나는 내가 하나님의 말씀 속으로 들어가서 내게 속한 것이 무엇인지 찾아낼 때까지 16개월 동안 병자로 누워 있었습니다. 그러나 나는 결코 의심한 적은 없었습니다. 주님께서 나의 죄를 용서하시는 것과 구원해 주시는 것, 깨끗하게 하시는 것과 나를 새로운 피조물로 지으시지 않으리란 생각은 내 마음에 들어온 적이 없었습니다. 나는 자신의 구원을 의심하는 사람들을 이해할 수 없습니다.

나는 1933년 4월 22일 텍사스주 맥키니의 북 대학로 405번지의 남쪽 침실 침대 위에서 구원을 받은 이래로 나의 구원에 대하여서는 의심의 그림자도 가진 적이 없었습니다.

마귀는 그런 생각을 가져올 엄두를 못내었습니다. 마귀는

내가 성령의 검, 곧 하나님의 말씀으로 그를 줄행랑을 놓도록 만들 것임을 알고 있었습니다. 차츰 나는 하나님의 말씀이 신유란 주제에 관하여 무엇을 말하고 있는지 깨닫기 시작하였습니다.

이 과정이 제게는 너무 오래 걸렸습니다. – 16개월이나 걸렸습니다 – 왜냐하면 신유가 오늘날 가능하다는 것을 누구에게도 가르침 받지 않았기 때문입니다. 아무도 새로운 탄생the New Birth이 끝났다고는 말하지 않았지만 사람들은 치료와 기적들은 다 끝났다고 내게 말했습니다.

그러나 나는 성경을 파고 들었습니다. 성경을 주신 하나님께 감사합니다. 나는 침대에 누워 보냈던 시간들을 기억할 수 있습니다. 나는 성경책을 내 팔에 안고 잠들곤 했습니다.

내가 침대에 누워 보낸지 1년쯤 되었을 때 내가 원하기만 하면 하루종일 성경을 읽을 수 있었습니다. 우리 식구들은 걱정하기 시작했습니다. 그들은 나를 사랑했으나 내가 무엇을 배우고 있는지 이해하지 못했습니다. 나는 그들에게 내가 성경에서 본 것에 관하여 말하기 시작했습니다. 그들은 "아니다, 아들아! 그것은 오늘날도 그렇다는게 아니란다"라고 말했습니다.

나는 말씀을 좇았습니다. 우리 침례교도들은 이런 모토가 있습니다. "성경이 말하고 있고, 나는 그것을 믿고 있다. 그러면 문제는 해결된 것이다" 나는 붉은 글씨로 성경 안쪽에 이렇게 써 놓았습니다. "The Bible says it, I believe it, and that settles it."

나의 가족은 의사를 불렀습니다(1934년경에는 아직도 의사들이 왕진을 했습니다). 의사가 왔을 때 나는 성경을 펴놓고 무엇인가를 몇자 적고 있었습니다. 그는 "내가 오랫동안 너를 보았지. 오늘은 이쪽 길로 왕진 올 일이 있어서 잠깐 들렀단다"라고 말했습니다. 나는 그가 오는 것을 알지 못했지만 그들은 나를 속이지 못했습니다. 나의 가족이 그를 오라고 부른 것이었습니다. 그는 검진을 마치더니 침대 위에 놓여있는 성경을 가리키며 이렇게 말했습니다.

"얘야, 네가 저렇게 많이 읽었니?"

"예, 이 모두가 제가 읽은 것입니다."

"너 혹시 신문의 만화는 읽어 보았니?"

"아니요, 저는 그런 것 읽을 시간이 없습니다." 내가 대답했습니다.

나는 그가 나를 백치쯤으로 생각하고 있었다는 것을 알고 있었습니다. 나는 여기 하루 24시간 침대에 누워 있으면서도 신문의 만화 읽을 시간도 없다고 말하고 있었습니다. 내 말의 의미는 "나는 신문의 만화나 읽으면서 나의 시간을 낭비하지 않겠다"는 것이었습니다.

그는 또 "너 스포츠면은 읽어보았니?"라고 물었습니다(지금은 봅니다만 그때는 안 보았습니다).

"아니요, 저는 스포츠면은 결코 읽지 않습니다. 시간이 없어서요."

"그럼 너 신문을 읽어본 적이 있니?"

"아니요, 가끔 누가 옆에서 신문을 읽으면 제목 정도는 슬쩍 봅니다만 나는 시간이 없습니다."

"너 그러면 소설 읽어본 적 있니?"

"아니요, 소설 읽을 시간이 없습니다."

"음 그래, 성경을 읽는 것은 괜찮다. 그러나 성경 한 가지에만 몰두하면 너는 광신자가 될 것이다!"

나는 광신자가 되어서 기쁩니다! 나는 하나님을 믿는 광신자가 된 것으로 인하여 하나님을 찬양합니다! 나는 광신자가 되었고 45년이 지난 지금까지 광신자입니다.

그러나 여러분께 한 가지 말할 것이 있습니다. 광신자가 되므로 말미암아 나는 전신마비로부터 벗어났습니다. 광신자가 되어 불치의 백혈병도 치료받고 심장병도 나음을 입었습니다.

그 후로도 나는 많은 다른 것을 읽을 시간을 가졌지만 책이나 잡지나 신문들은 내가 병들었을 때 내게 필요한 도움을 주지 못했습니다.

내가 찾고 있는 것이 말씀에 있다는 것을 알았기 때문에 나는 말씀에 최고 우선권을 두었습니다. 내가 성경에서 치료에 관한 것을 읽을 때 치료받지 못하리란 생각은 결코 내 마음에 들어오지 않았습니다. 나는 결코 의심한 적이 없었습니다.

하나님 말씀 안에 들어가면 의심은 사라져 버립니다. 만일 당신이 의심을 가지고 있다면 그것은 당신이 아직 말씀에 뿌리를 내리지 못하고 있기 때문입니다. 당신의 의문에 하나님의 말씀이 최종 권위, 소위 대법원 판결이 되도록 하십시오. 즉 구원이 사람들에게 저절로 떨어지지 않듯이 치료도 사람들에게 저절로 떨어지는 것이 아닙니다. 말씀을 선포하십시오.

그러므로 믿음은 들음에서 나며 들음은 그리스도의 말씀으로 말미암았느니라   롬 10:17

몇 년 전에 어떤 목사님이 내게 말씀하셨습니다. "나는 이제 무엇인가 발견해 냈습니다. 내가 구원만 설교했을 때 우리교회는 구원받은 사람들로 가득찼습니다. 그들은 구원이 필요했던 사람들이었습니다. 이것이 기초요, 또한 가장 먼저 해야 할 일이지요. 그러나 성령 세례 받는 사람은 많지 않았습니다. 나는 왜 그런지 몰랐습니다. 그래서 나는 성령세례에 대하여 설교하기 시작하였더니 그들은 성령 충만 받기를 시작하였습니다. 어떤 이들은 제단 앞으로 나오기도 전에, 어떤 이들은 집에서, 어떤 이들은 차를 몰고 가다가, 어떤 이들은 교회로 오는 도중에 성령 충만함을 받았습니다.

나는 교회의 모든 성도들이 성령 세례를 받을 때까지 계속 성령 세례에 관하여 설교하였습니다. 그때 이런 생각이 들었습니다. 사람들이 요구하면 기름을 바르고 손을 얹어 치료를 구했습니다만 치료에 관하여 설교는 하지 않았다는 것입니다.

우리 가운데 많은 사람이 치료받지 못했습니다. 그래서 나는 최소한 일주일에 한번은 치료에 관하여 설교하기 시작했더니 치료에 관하여 설교하는 그 순간부터 사람들이 치료받기 시작했습니다."

이것이 바로 믿음이 오는 길입니다.

> 주의 말씀을 열면 빛이 비치어 우둔한 사람들을 깨닫게 하나이다　　　　　　　　　　　　　　　　시 119:130

우리는 말씀을 공부하므로 치료가 우리에게 속한 것임을 깨달아야 합니다.

4

말씀에는 치료받을 수 있는
몇 가지 방법이 있습니다

모든 사람이 다 같은 수준의 믿음을 가진 것이 아니기 때문에 하나님의 말씀을 통하여 육체의 치료를 받을 수 있는 7가지 방법을 제공하셨습니다. 하나님께서는 우리가 궁지에 몰려 꼼짝 못하는 상태로 버려 두시지 않습니다. 우리가 그분의 수준까지 이르지 못하면 그분은 우리의 수준까지 내려오셔서 우리를 만나 주시는 분입니다.

1. 마귀를 대항하여 예수님의 이름을 사용하십시오. 그 질병과 아픈 것이 떠날 것을 예수님의 이름으로 요구하십시오

너희가 내 이름으로 무엇을 구하든지 내가 행하리니 이는 아버지로 하여금 아들로 말미암아 영광을 받으시게 하려 함이라 내 이름으로 무엇이든지 내게 구하면 내가 행하리라

요 14:13-14

사도행전 전체를 볼 때 사도들은 병자를 위해 기도하지 않고 병자들이 일어나 걸을 것을 요구하였습니다demanded.

베드로와 요한이 미문 앞의 앉은뱅이를 대했을 때도(사도행전 3장), 그들은 예수 이름으로 그가 일어나 걸을 것을 요구하였습니다(헬라어로 그렇게 되어 있습니다).

당신은 사람들이 치료받을 것을 예수 이름으로 요구할 권리를 소유하고 있습니다. 당신은 그것을 하나님으로부터 요구하는 것이 아닙니다. 그분이 그들을 아프게 하시지 않았기 때문입니다. 당신은 마귀에게 그들을 풀어 놓으라고 예수 이름으로 요구하고 있는 것입니다.

예수님은 "그들이 내 이름으로 … 병든 사람에게 손을 얹은 즉 나으리라"(막 16:17-18)고 말씀하셨습니다. "내 이름으로 그들이 손을 얹을 것이니라." 할렐루야! 그 이름에 능력이 있습니다.

내가 귀신들을 다루는 기본적인 것들을 깨달았을 때 나는 귀신들에게 "나는 예수 이름으로 나의 권리를 요구한다"고 말했습니다.

그러면 그들은 마치 총에 맞은 것처럼 달아났습니다. 예수님께서 마귀들을 무찌르셨으므로 그들은 그 이름을 무서워합니다. 예수께서는 그들을 밝히 드러내 보이셨다고 성경은 말씀하고 있습니다(골 2:15).

당신이 할 수 있는 또 다른 것은 예수 이름을 가지고 당신의 사랑하는 사람들의 삶 위에 행사하는 마귀의 능력을 부숴 버리는 것입니다.

당신이 그들로 하여금 그리스도를 영접하도록 할 수는 없습니다만 당신이 이렇게 함으로써 그들이 그리스도를 영접하는 것에 좀 더 용이하도록 할 수는 있는 것입니다.

교회에서 자라난 우리들 대부분은 신약성경의 가르침 대신에 종교적으로 세뇌가 되어 있습니다.

나는 가끔 종교적인 가르침 받은 방식으로 되돌아가서 그런 식으로 기도하는 자신을 발견합니다. 어떤 것에 대하여 밤낮으로 며칠 씩 기도하다가 갑자기 나는 깨닫습니다. '잠깐! 나는 이것보다는 더 잘 알고 있는데! 이렇게 기도하는 게 아니다 이런 기도는 역사하지 않아. 이는 성경이 아니야, 이건 종교적 쓰레기에 지나지 않아!'

우리의 것이 무엇인지 알아봅시다. 예수의 이름은 1세기 그리스도인에게 속한 것 만큼 이 세대에 우리에게 속한 것입니다. 우리가 그 이름을 사용할 수 있게 하신 하나님을 찬양합시다.

예수님께서 지상에 계셨을 때와 똑같은 능력이 예수의 이름 안에 있습니다.

그 이름에는 치료가 있습니다.

그 이름에는 귀신으로부터의 자유함이 있습니다.

그 이름은 우리의 것이지만 우리가 사용하지 않으면 역사하지 않습니다.

예수 이름은 불가능의 문을 여는 열쇠입니다.

예수 이름은 초자연적인 것의 문을 여는 열쇠입니다.

나의 이름도 아니요, 당신의 이름도 아니요, 바로 그분의 이름입니다.

베드로가 미문 앞에서 앉은뱅이가 고침 받은 후에 모여든 군중에게 한 말을 기억하십니까?

> 베드로가 이것을 보고 백성에게 말하되 이스라엘 사람들아 이 일을 왜 놀랍게 여기느냐 우리 개인의 권능과 경건으로 이 사람을 걷게 한 것처럼 왜 우리를 주목하느냐　　행 3:12

그들은 과거에도 그랬지만 그때도 아무 능력이 없었습니다. "맞습니다만 그들은 사도였지 않습니까"라고 어떤 사람들은 말할 것입니다.

이 점을 베드로가 설명하였습니다. "그 이름(예수 이름)을 믿으므로 그 이름이 … 이 사람을 성하게 하였나니 … 너희 모든 사람 앞에서 이같이 완전히 낫게 하였느니라"(행 3:16)

주님께 영광 돌립시다! 할렐루야! 그 이름이 우리 것입니다. 그 이름을 사용합시다!

2. 예수 이름으로 아버지께 치료를 위해 기도하십시오

> 그날에는 너희가 아무 것도 내게 묻지 아니하리라 내가 진실로 진실로 너희에게 이르노니 너희가 무엇이든지 아버지께 구하는 것을 내 이름으로 주시리라 지금까지는 너희가 내 이름으로 아무 것도 구하지 아니하였으나 구하라 그리하면 받으리니 너희 기쁨이 충만하리라   요 16:23-24

당신의 성경 구절에 표시를 해 두십시오. 이 말씀이 당신을 떠나지 못하도록 하십시오.

예수님께서는 "그날에는 너희가 내 이름으로 아무것도 내게 묻지 아니하리라" 말씀하셨는데 그날이란 언제를 말하는 것입니까? 주님은 우리가 살고 있는 바로 지금을 말하고 있습니다. 예수 이름으로 아버지께 기도하는 것은 지금 – 오늘이라는 날 – 우리에게 속한 것입니다.

예수님께서는 그가 죽었다가 죽음에서 살아나서 높이 승천하시어 아버지의 우편에 앉으시려고 갈보리로 가시기 직전에 이렇게 말씀하신 것입니다. 이 일 후에 새 날이 밝아왔습니다. 우리는 새 언약 안에 들어오게 되었습니다. 24절에 "지금까지는 너희가 내 이름으로 아무것도 구하지 아니하였으나"라고 한 것을 주의하십시오.

예수님께서 지상에 계실 때에는 어느 누구라도 아버지께 예수 이름으로 기도해봤자 아무 소용이 없었을 것입니다. 왜냐하면 옛 언약 아래서는 아브라함과 이삭과 야곱의 하나님께 기도하였기 때문입니다.

더욱이 예수님께서 지상에 계실 때에는 예수님은 아직 그분의 중재자로서의 사역을(대제사장으로서 혹은 중보자로서) 아버지의 우편에서 시작하시지 않으셨기 때문에 그분의 이름으로 기도해도 아무 소용이 없었을 것입니다.

그러나 주님은 떠나시기 직전에 그분의 제자들의 기도하는 방법을 바꾸어 놓으셨습니다. 옛 언약은 사라지고 새 언약이 오고 있는 중간 시기에 예수님은 제자들에게 우리가 "주님의 기도"라고 부르는 기도를 가르쳐 주셨습니다. 예수님은 '우리들에게' 이렇게 기도하라고 가르치신 것이 아닙니다. 당신은 언젠가 이렇게 생각해 본 적이 있습니까? 주님은 '그의 제자들에게' 이렇게 기도하라고 가르치셨습니다.

나는 주님의 기도가 아름답지 않다고 말하는 것이 아닙니다. 나는 주님의 기도로부터 아무 것도 배울 것이 없다고 말하는 것도 아닙니다. 왜냐하면 주님의 기도로부터 우리는 많은 것을 배울 수 있기 때문입니다. 그렇지만 주님의 기도 어디에 '예수님의 이름'이 들어 있습니까?

그들은 단 하나도 예수 이름으로 기도하지 않았습니다. 그들은 단 하나도 예수 이름으로 구하지 않았습니다. 이 기도는 신약교회의 기도가 아닙니다. 이것은 기도에 대한 신약성경의 규정이 아닙니다.

바로 여기 요한복음 16장에 우리가 살펴 볼 것이 있습니다. 주님께서 떠나시기 직전 예수님은 제자들의 기도방법을 고쳐주셨습니다.

하나님과 교회 사이에 세운 새 언약 아래에서 우리는 예수그리스도의 이름으로 하나님께 나가야 합니다(우리가 많은 것을 놓쳐 버린 한 가지 이유는 우리가 옛 언약 시대에 기도하듯이 기도하려 했기 때문입니다)

예수님께서는 또 "구하라 그리하면 받으리니 너희 기쁨이 충만하리라"고 말씀하셨습니다. 물론 이 말씀은 모든 기도를 포함하는 것입니다만 특히 치료를 위해 기도하는 것을 포함하는 것입니다.

만일 당신의 사랑하는 사람이 병들어 있다면 어떻게 당신의 기쁨이 충만하겠습니까? 그것은 불가능한 일입니다. 그렇지 않습니까?

만일 우리가 기도 응답을 더 많이 받는다면 우리는 더 많은 기쁨을 소유할 것입니다. 우리가 더 많은 기쁨을 나타낸다면 우리는 더 많은 사람들을 구원하게 될 것입니다. 여기에 치료가 관계되어 있습니다.

우리는 예수 이름으로 치료를 요구할 권리가 있습니다. 하나님은 우리의 기도에 응답하시는 분입니다.

3. 마태복음 18장 19절에 기초하여 기도할 때 합심하여 구하십시오 Agree in prayer

진실로 다시 너희에게 이르노니 너희 중의 두 사람이 땅에서 합심하여 무엇이든지 구하면 하늘에 계신 내 아버지께서 그들을 위하여 이루게 하시리라 두세 사람이 내 이름으로 모인 곳에는 나도 그들 중에 있느니라 마 18:19-20

우리는 흔히 20절만 문맥에서 빼내어 예배에 적용합니다. 그러나 실제 이 구절이 말하는 바는 그것이 아닙니다. 19절과 20절은 같은 이야기를 하고 있는 것을 발견할 수 있습니다.

20절이 의미하는 바는 기도할 때 두 사람이 뜻을 합하여 기도한다면 예수님께서는 그곳에 계셔서 그들이 합심한 것이 이루어지는 것을 보고 있으리라는 말입니다. 물론 그분은 교회 모임에 계시는 분이지만 예수님께서는 지금 교회 모임을 말씀하시는 것이 아닙니다.

두 사람이 합심하여 사랑하는 사람의 치료를 예수 이름으로 요구하는 기도는 응답되게 되어 있다는 것입니다. 왜냐하면 하나님께서는 그분의 말씀이 역사하시는 것을 지켜보시기 때문입니다.

이 구절은 "너희 중에 두 사람이 땅에서"라고 말했지, "너희 중에 두 사람이 하늘 위에서"라고 하지 않았습니다. 오직 두 사람이면 된다고 했습니다. 그 말은 바로 우리가 있는 여기를 의미합니다. "무엇이든지"라는 단어는 치료도 포함할 수 있는 것입니다. 그렇지 않습니까?

"너희 중에 두 사람"이라고 했으니 남편과 아내도 될 수 있습니다. 나는 아내와 합심하여 기도하므로 받은 놀라운 응답을 가지고 있습니다. 사람들은 종종 내게 "해긴 형제님, 우리도 해봤는데 잘 되지 않더군요."라고 말합니다. 하지만 우리는 될지 안될지 해보았던 것은 아닙니다try. 우리는 직접 그렇게 했던 것입니다did it! 예수님께서는 두 사람이 "합심해 보라"고 말씀하시지 않으시고 "합심하라"고 말씀하셨습니다.

때때로 우리는 자연상태 혹은 이성의 수준으로 들어가서 상상을 합니다. 자 이제 우리가 많은 사람을 모아서 - 한 천명쯤 - 합심한다면, 아니 만명이 기도한다면 실제로 결과가 있으리라고 생각합니다.

이것은 인간의 이성적 사고방식입니다. 하나님께서는 두 사람이면 일을 끝낸다고 말씀하셨습니다. 두 사람이 우리에게 필요한 최대의 숫자입니다!

주님은 어떤 문제에 온 교회가 일치하고 합심해야 한다고 말씀하시지 않았습니다. (당신은 당신의 생명을 구원하기 위하여 교회 전체가 합심하도록 할 수 없습니다) 그러나 두 사람만 합심한다면 이것으로 충분합니다.

"너희 중에 두 사람이 땅에서 합심하여 무엇이든지 구하면… 이루게 하시리라." 예수님은 그렇게 될지 모른다고 말씀하신 것이 아닙니다. 가능성이 있다고 말씀하시지 않으셨습니다. "하늘에 계신 내 아버지께서 저희를 위하여 이루게 하시리라" 이제 이 말씀이 진리이거나 거짓이거나 둘 중의 하나란 것을 믿어야 합니다. 나는 예수님께서 진리를 말씀하셨다고 믿고 있습니다!

예배를 마친 후에 사람들은 자주 내게 와서 그들의 재정적, 육체적, 영적인 필요를 위해 기도하는데 자신들과 합심해 달라고 요구합니다.

나는 그들과 손을 잡고 기도합니다. "우리는 지금 우리의 영이 합심한 것을 나타내기 위하여 손을 잡았습니다. 우리는 이 필요가 충족될 것이 아니라 지금 충족된 것을 확신합니다. 왜냐하면 미래 시제로 된 것은 믿음이 아니며 그것은 희망일 뿐이기 때문입니다. 우리는 지금 이 필요가 충족된 것을 확신하며동의하며, agree, 그렇게 되어야 함을 합심하여 지금 하나님을 찬양하고 있습니다. 믿음으로 바로 지금 이루어졌습니다. 그리고 우리는 이루어진 것으로 간주합니다."

이렇게 기도한 후에 나는 눈을 뜨고 "형제여(혹은 자매여), 이제 이루어졌습니까?"라고 말합니다. 열 명 중 여덟 명은 "해긴 형제님 물론 그렇게 되기를 바라지요"라고 말합니다.

그러면 나는 그들에게 이렇게 말할 수밖에 없습니다. "합심이 되지 않았군요. 나는 믿고 있고 당신은 바라고 있습니다 I'm believing and you're hoping. 여기서 합심이 되지 않았으니 주님은 역사하지 않았습니다."

말씀대로 되지 않는다면 하나님을 비난하든지 성경을 묵상하든지 다 쓸데없는 헛된 짓입니다. 형제들이여! 만일 말씀대로 되지 않는다면 우리가 무엇인가 잘못된 것입니다. 왜냐하면 예수 그리스도께서는 거짓말을 하실 수 없으니까요. 우리는 스스로 "내가 말씀대로 행하지 못했습니다"라고 자인하고 우리의 잘못을 고쳐야만 합니다.

1930년대 초에 한 젊은 오순절교단 부흥사가 폐병으로 죽어가면서 한 말입니다. 그는 자기 이야기를 내게 직접 말해 주었습니다. 그는 양쪽 폐를 통해 출혈을 하면서 침대에 누워 있게 되었습니다. 그는 장인의 농장에서 살기 위해 그의 가족이 그리로 이사시켜야만 했습니다.

어느날 그의 장인은 들에 나가서 밭을 갈고 있었고 그의 부인과 장모는 집에서 설거지를 하고 있었습니다. 이 젊은 부흥사는 하나님께 애원하기를 침실에서 걸어나와 4분의 1마일쯤 길을 따라 가서, 그곳에 나무와 풀로 거처를 만들 수 있는 힘을 달라고 했습니다.

그는 마음 속 깊이 기도하여 병을 치료받거나, 가족들이 내가 죽어 있는 것을 발견하거나, 둘 중에 하나가 되도록 결심하였습니다.

그는 그 덤불까지는 이르렀으나 기진하여 쓰러지고 말았습니다. 비록 그가 원했다 하더라도 그는 도움을 요청할 소리를 지를 수도 없었습니다. 아무도 그가 어디에 있는지 몰랐습니다.

"죽은 시체를 찾는 독수리가 그들을 네게로 인도할 때까지 그들은 너를 찾지 못할 것이다"라고 마귀가 분명히 말했습니다. "그래 좋다 마귀야! 내가 여기 나온 이유를 알려주마. 내가 조금만 힘을 다시 얻는다면 나는 치료받을 때까지 기도하거나 이 자리에서 죽기까지 기도할 것이다." 그가 말했습니다.

"그리고 나는 거기 누워 있었지요. 기도를 시작할 힘이 좀 생기기를 기다리면서. 나는 이런 생각을 하게 되었습니다. 나는 가는 곳마다 병고침을 받으려고 기도요청을 카드에 적어 제출했었다. 수백명이 나를 위해 기도했다. 아니 수천명이 기도했다. 미국의 모든 신유 전도자들healing evangelist은 내게 손을 얹었다. 모두가 기도해 주었다…."

"만일 이 모든 기도를 다 합한다면 수 백 시간이 되었을 것입니다. 이 모든 위대한 믿음의 사람들이 내게 안수하셨습니다. 하나님은 신유 전도자들을 사용하십니다."

"나는 이렇게 결단을 내렸습니다. 나의 하나님! 내가 무엇인가 잘못했습니다! 나는 이제 더 이상 기도하지 않겠습니다. 내 기도는 아무 소용이 없습니다. 나는 내가 어디서 잘못 되었는지를 알게 되었습니다. 나는 그 기도 요청 카드들을 제출하지도 말았어야 했습니다. 나는 지금까지 다른 사람이 누군가 나를 위해 기도해 주기를 바랐습니다. 나는 하나님께서 이미 내 것이라고 말씀하신 그것을 내게 달라고 애원하였던 것입니다. 성경은 내가 치료받았다고 말하고 있습니다. 주님! 나는 여기 누워서 당신을 찬양하려고 합니다. 나는 치료가 나타날 때까지 당신을 찬양하렵니다."

"나는 단지 속삭이기 시작했습니다. '주님을 찬양합니다. 하나님께 영광을 돌립니다. 할렐루야! 예수님, 감사합니다.'

한 10분간 '예수님, 감사합니다'를 속삭인 후 나는 팔굽을 땅에다 대고 팔을 들만한 힘을 얻었습니다. 그리고 나서 또 한 10분간 하나님을 찬양하였습니다. 그리고 나는 두 손을 들었을 뿐만 아니라 목소리도 더 크게 높일만한 힘을 얻었습니다. 두 시간이 지난 후에는 나는 내 발로 일어서서 '하나님을 찬양합니다'라고 어찌나 크게 소리를 질렀는지 몇 마일 떨어진 곳의 사람도 그 소리를 듣게 되었습니다."

보십시오. 그는 하나님의 말씀이 말하고 있는 바에 합심하여 하나님의 말씀대로 믿고 행하였을 때 응답을 받았던 것입니다!

4. 야고보서 5장 14절을 따라 기름을 바르십시오

너희 중에 병든 자가 있느냐 그는 교회의 장로들을 청할 것이요 그들은 주의 이름으로 기름을 바르며 그를 위하여 기도할지니라 믿음의 기도는 병든 자를 구원하리니 주께서 그를 일으키시리라 혹시 죄를 범하였을지라도 사하심을 받으리라

약 5:14-15

1세기의 그리스도인들은 신약성경을 가지고 있지 않았습

니다. 그들은 교회에서 교회로 돌려볼 수 있는 몇 개의 편지들을 가지고 있었지만, 우리가 갖고 있는 성경을 가지지 못했습니다. 그들은 베드로가 성령의 감동으로 "그가 채찍에 맞음으로 너희는 나음을 얻었나니"(벧전 2:24)라고 기록한 것을 알지 못했습니다. 그러나 우리는 알고 있습니다.

만일 초대교회 성도들이 건강한 가운데 살았다면, 우리가 가진 이 모든 지식을 가지고 우리는 이 세대에 훨씬 더 건강히 살아야 하겠습니다.

실제로 우리 가운데 아픈 사람이 있어서는 안됩니다. 그런데 "너희 중에 병든 자가 있느냐?"고 야고보는 교회를 향하여 말하고 있습니다. 왜냐하면 "그는 교회의 장로들을 청할 것이요"라고 말하고 있기 때문입니다.

사람들이 잘못하고 죄를 짓더라도 그들에게 도움을 허락하신 하나님께 감사합니다. 야고보가 "혹시 죄를 범하였을지라도 사하심을 얻으리라"고 말한 것을 주의 하십시오. 너무나 많은 사람들이 주일날 밤에 구원받으면 수요일 밤까지는 영적으로 성장할 것을 기대합니다만 그들 스스로 하룻밤 새에 성숙하지는 않습니다.

그들은 어린아이에 지나지 않습니다. 성경은 육체의 성장과 영적인 성장 사이에는 공통점이 있다고 가르치고 있습니다.

> 갓난 아기들 같이 순전하고 신령한 젖을 사모하라 이는 그로 말미암아 너희로 구원에 이르도록 자라게 하려 함이라
>
> 벧전 2:2

그러나 우리는 이 면에 있어서 너무도 어리석었습니다. 그래서 하나님은 우리에게 책임을 추궁하실 것입니다. 우리는 이 영적 아이들을 우리의 믿음으로 데리고 다녀야 합니다. 그들이 진실로 영적 어린 아이라면 우리는 그렇게 할 수 있습니다.

자연상태에서 어린이들은 돌봐줘야 합니다. 그들은 스스로 아무 것도 할 수 없습니다. 그러나 누군가가 그들을 사랑해 주기 때문에 그들은 음식을 먹고 옷도 입고 돌봄을 받습니다. 잘 돌봐주기만 하면 그들은 잘 자라고 사랑에 반응을 나타냅니다.

나는 언젠가 텍사스의 한 목사님 교회에서 집회를 열었습니다. 나는 지금도 텍사스 사람 중에 그렇게 한심한 목사가 있다는 것이 부끄럽습니다. (해긴 목사님은 텍사스 토박이이다 – 역자주) 어느 토요일 밤에 내가 예수 영접 초청을 하였을 때 39명이 나와서 제단 앞에 서 있었습니다. 그 중에는 28세에서 32세 사이의 일곱 쌍의 부부도 포함되어 있었습니다. 전혀 구원받지 못한 일곱 가정! 그들은 아주 귀한 예비 신자였습니다.

후일 내가 그 목사님께 물어보았습니다. "당신은 그들을 보살펴 줄 수 있도록 그들의 이름과 주소를 받아 두셨나요?"

그가 대답했습니다. "오, 하나님을 찬양합니다! 나는 사람들이 무엇인가 은혜를 받았으면 스스로 다시 찾아오리라고 믿고 있습니다."

"당신께 질문 하나 하겠습니다. 이 집회 기간에 당신의 딸이 사내아기를 분만했지요. 만일 당신이 그 딸 집에 가서 '내 손자를 보려고 여기 왔는데 그 애는 어디 있느냐?'고 물으면 '글쎄요, 그 아기가 건강히 살아 있다면 조금 있다가 여기 들어 올 것입니다.'라고 대답했다고 가정해 보십시오." 그리고 나서 나는 그 목사님에게 이렇게 말했습니다. "이런 교회에서 집회를 열기에는 나의 시간이 너무 소중하니 나는 내일 밤 집회를 끝내버리겠습니다." 그리고 집회를 마무리해 버렸습니다.

하나님께서는 모든 교회에게 그 교회의 제단 주위에서 하나님의 자녀로 태어난 영적으로 어린 아기들에게 대한 책임을 물을 것입니다. 그들이 믿다가 시험들거나 타락할 때 우리는 비판할 준비는 잘 되어 있어서 자주 그들의 타락을 비난합니다.

이것이 바로 야고보서 5장 14절에서 말하고 있는 바입니다. 병들고 약한 사람들은 스스로 움직일 수는 없습니다. 그래서 교회의 장로들을 부르라고 한 것입니다. 그리고 장로들이 그들에 대하여 기도하고 주님의 이름으로 기름을 바르라고 했습니다. 혹시 그들이 죄를 범했을지라도 – 그들이 잘못했을지라도 – 그들의 죄에 대하여 용서받을 수 있고 병나음도 얻을 수 있다는 것입니다.

나는 자주 다음의 예화를 사용합니다. 어느날 아침 제가 면도를 하고 있는데 하나님의 영이 내게 이렇게 말씀하셨습니다. "나는 네가 ○○의 집에 가기 바란다. 왜냐하면 그가 잘못을 범하였고 죄를 지었으므로, 그는 하나님께서 자신을 더 이상 사랑하지 않는다고 생각하고 있기 때문이다. 그는 더 이상 교회에 돌아오지 않을 것이다." 나는 비누거품이 얼굴에 묻은 채로 아내에게로 가서 "여보, 난 당신과 함께 식료품 가게에 가기 전에 모씨 집에 먼저 가봐야 해요. 주님께서 방금 내게 그가 잘못을 저질렀다고 하셨어요. 그는 가끔 혈기를 부려서 남에게 해서는 안될 말을 많이 했는데, 주님께서는 내게 그에게 가서 그를 회복시켜 주라고 하셨어요"라고 말했습니다.

그리고 나는 면도하던 일을 마치려고 되돌아 갔는데 곧 그의 부인이 차를 몰고 나타났습니다. "해긴 형제님, 어서 가서 내 남편을 좀 만나보세요. 그는 어제 직장에서 혈기를 부리고 분을 내어서 그가 말해서는 안될 많은 말들을 한 후, 그가 옛날 고통받았던 척추의 상처가 아프기 시작했습니다. 지금 집에서 침대에 누워 있는데, 그는 하나님께서 자기를 더 이상 사랑하지 않으신다면서 이제 교회에 가지 않겠답니다." 그녀는 울면서 말했습니다.

내가 그녀에게 말했습니다. "그런데 절대 내가 여기 왔더라고 그에게 말하지는 마세요. 그가 좋아하지 않을테니까요. 주님께서 방금 내게 다 말씀해 주셨습니다. 내 아내에게 물어보세요. 내가 금방 그 얘기를 아내에게 했으니까요."

내가 그의 집으로 가서 문을 두드렸더니 "들어오세요"하는 그의 목소리가 들렸습니다. 그는 너무 당황하여 침대 커버를 뒤집어쓰며 얼굴을 가렸습니다. 나는 그가 우는 소리를 들을 수 있었습니다. 나도 그의 침대 곁에 무릎을 꿇고 그와 함께 울기 시작했습니다. 내가 침대 커버를 당겼더니 그는 사력을 다해 붙잡고 늘어졌습니다.

하지만 나는 그를 두 팔로 안으면서 말했습니다. "주님께서 내게 말씀하시기를 내가 당신께 가서 당신이 지금 잘못을 했으니 회복시켜 주라고 하셨습니다." 그는 또 다시 울기 시작했습니다. 그리고 그가 입을 열었습니다. "해긴 형제님, 직장에서 무엇인가 잘못된 일이 있었습니다. 그런데 난 잘 기억 못하겠는데, 직장의 동료들이 내가 저주를 했다고 합니다. 내가 저주를 했더라도 나는 모르는 일입니다. 나는 아내에게 '주님께서 더 이상 나를 사랑하시지 않을테니 교회에 더 이상 나가지 않을거요' 라고 말했습니다."

"아닙니다. 주님은 당신을 사랑하십니다. 그리고 우리도 당신을 사랑합니다. 주님은 당신을 도와주라고 나를 여기에 보내셨습니다. 이 사실이 주께서 당신을 사랑하고 계신다는 것을 증거하지 않습니까? 그리고 우리도 마귀가 당신을 소유하도록 내버려두지 않을 것입니다"라고 내가 대답했습니다.

그는 "내 등이 매우 아픕니다"라고 말했습니다. 나는 나의 손을 그의 등에 대고 "사랑의 하나님, 주님은 형제를 사랑하십니다. 주님은 나 또한 사랑하심을 알고 있습니다. 주님께서 나를 이 곳에 그를 도우라고 보내셨으니, 나는 주님이 지금 바로 그를 고치셔서, 그를 사랑하고 계시다는 것을 증명해 주옵소서"라고 기도했습니다. 갑자기 그는 총에 맞은 사람처럼 그 자리에서 펄쩍 뛰어 일어서더니 "고통이 모두 사라졌습니다. 모두 사라졌습니다"라고 외치면서 이번엔 다른 의미의 울음을 터뜨렸습니다.

"주님은 나를 정말 사랑하시나봐요, 그렇지요?"라고 물었습니다. "물론 사랑하시지요" 하고 내가 말했습니다. 그리하여 그는 즉시 주님께로 돌아오게 되고 물론 교회도 나오게 되었습니다.

사실 그는 거듭난 지 한 달 밖에 되지 않은 새신자였습니다. 한 달 밖에 안된 어린아기에게 무엇을 더 기대할 수 있겠습니까? 나는 하나님께서 어린 영적 자녀들을 특별히 돌봐주심을 감사드립니다. 당신 스스로 할 수 없다면, 하나님은 당신이 도움을 얻을 수 있도록 예비해 주십니다. 너희 중에 아픈 자가 있느냐? 어서 교회의 장로들을 부르십시오.

5. 손을 얹으므로 치료를 받으십시오

또 이르시되 너희는 온 천하에 다니며 만민에게 복음을 전파하라 믿고 세례를 받는 사람은 구원을 얻을 것이요 믿지 않는 사람은 정죄를 받으리라 믿는 자들에게는 이런 표적이 따르리니 곧 그들이 내 이름으로 귀신을 쫓아내며 새 방언을 말하며 뱀을 집어올리며 무슨 독을 마실지라도 해를 받지 아니하며 병든 사람에게 손을 얹은즉 나으리라 하시더라

막 16:15-18

예수께서 대사명을 주셨을 때 "그들은 병든 자에게 손을 얹을 것이요. 그들은 나을 것이다"(18절)라고 말씀하셨습니다. 병든 자에게 손을 얹는 것은 치료를 받을 수 있는 또 다른 방법입니다. 이 방법은 오늘날 교회에도 필요한 것입니다. 어떤 사람이 손을 얹을 수 있습니까? 모든 믿는 자들입니다. 복음을 믿는 모든 자들입니다. 본문에서 "믿는 자들에게는 … 병든 사

람에게 손을 얹은즉 나으리라"(17-18절)고 말하고 있는 것을 주의하십시오.

헬라어 원문은 "믿고 있는 자들이 병자에게 손을 얹은즉 나으리라"고 말하고 있습니다. 예수님께서는 우리가 병든 자를 고치라고 말씀하시지 않으셨습니다. 우리는 그들에게 손을 얹고 하나님을 믿기만 하면 됩니다.

모든 그리스도인은 이를 행할 수 있습니다. 부모들은 그들의 자녀가 병들었을 때 손을 얹어야 합니다. 믿는 어머니는 자녀들 위에 손을 얹을 권리가 있습니다. 자녀들을 다른 사람들에게 보내서는 안됩니다.

또한 우리는 다른 사람에게 손을 얹을 권리가 있습니다. 성경은 "병이 낫기를 위하여 서로 기도하라"(약 5:16)고 말씀하고 있습니다. 우리는 종종 오직 한 가지 방법으로만 하나님을 움직이려고 하다가 잘못을 범합니다.

우리는 그분께 귀 기울여 주의하여 듣고, 그분이 어떻게 인도하시는지 보아야 합니다. 그리고 어떤 방법이든지 그분께서 인도하시는 방법을 사용하면서 그분을 따라야만 합니다.

어느날 저는 우연히 한 목사님께서 다른 목사님께 "목사님은 해긴 형제를 불러서 집회를 하셔야 합니다. 그 목사님께서 우리 교회에 다녀가신 이래로, 나는 예전에 하던 환자 심방의 반 정도 밖에는 심방할 일이 없습니다"라고 말하는 것을 들은 적이 있습니다. 그는 이어서 내게 말했습니다. "우리 성도들이 나를 찾지 않는다는 말이 아니고, 그들 스스로 치료를 받고 있다는 것입니다. 그들은 '이렇게 기도하였더니 하나님께서 이렇게 고치셨습니다'라고 교회에서 간증합니다. 성도들이 아주 신이 났습니다."

우리 스스로 무엇인가를 할 수 있다니 하나님께 감사할 일입니다. 우리는 성장할 수 있습니다. 우리가 하나님을 믿고 그분께 기도하는 것을 배우면 우리는 나가서 다른 사람들을 도와줄 수 있습니다. 그러나 어떤 사람들은 자신들조차도 치료를 받을 만큼의 믿음의 수준에 도달하지 못한 상태에 있습니다. 만일 당신이 이런 사람이라면 포기하지 마십시오.

지금의 낮은 믿음의 수준에서 치료를 받으십시오. 손을 얹어 달라고 하는 사람이 되면 됩니다. 그러면 당신은 치료를 받게 됩니다.

하나님은 당신을 도와주시기를 원하십니다.

성경은 "그들이 병든 자에게 손을 얹은즉…"라고 말하고 있습니다. 여기서 아픈 사람의 상태를 구체적으로 말하고 있지 않고 단지 그들은 아픈 사람이라고만 했습니다. "믿는 자들에게는 이런 표적이 따르리니 그들이 병든 자에게 손을 얹은즉 나으리라"고 성경은 말하고 있습니다.

모든 그리스도인은 병든 자에게 손을 얹을 수 있습니다. 많은 사람들은 내게 묻기를 "해긴 형제님, 만일 병이 낫지 않으면 어떻게 합니까?"라고 합니다.

"만일 당신이 나았다면 당신은 치료를 믿을 필요도 없었지 않습니까. 병이 나은 것이 겉으로 나타난다면 당신이 나은 것을 알았을 것입니다. 그러나 만일 당신이 병이 나은 줄로 믿고 믿음의 발자국을 떼어 놓으면 당신은 치료를 받게 될 것입니다. 왜냐하면 믿음의 기도의 원리가 마가복음 11장 24절에서 발견되기 때문입니다."

> 그러므로 내가 너희에게 말하노니 무엇이든지 기도하고 구하는 것은 받은 줄로 믿으라 그리하면 너희에게 그대로 되리라   막 11:24

당신이 치료받은 것을 믿으십시오. 그러면 무슨 일이 일어나는지 아십니까? 당신은 치료 받았음을 느끼게 될 것입니다. 믿는 것 다음에 소유하는 것이 온다는 사실을 알아야 합니다.

내가 성령 세례를 받기 전, 침례교 소년 설교자로서 아직 어렸을 때 어느 월요일 아침에 일어나 보니 제 얼굴의 반쪽이 마비가 되어 움직이질 않았습니다.

나는 나를 위해 기도해 줄 사람을 알고 있지 못했으므로 혼자 기도하였습니다. 그런데 나는 우리 동네의 어떤 사람들이 순복음성전이라 불리는 교회를 짓고, 그들이 신유를 믿는다는 사실을 알았습니다. 나는 '수요일 저녁에 그 교회에 가서 목사님에게 기름을 발라 달라고 해야지' 하고 혼자서 말했습니다.

그가 내게 기름을 바르고 기도하는 순간 나는 손을 높이 쳐들고 소리쳤습니다. "하나님, 치료해 주시니 감사합니다!" 나는 믿음으로 말한 것이었습니다.

나는 무엇을 말해야 되는지를 알고 있었습니다. 나는 침례교도였으므로 성령님에 관하여는 아무 것도 몰랐습니다. 그러나 믿음에 대해서는 무엇인가 알고 있었습니다. 손들이 내 위에 놓여질 때 그 점이 바로 나의 접촉점이었습니다. 그곳이 내가 "나의 치료를 받았다"고 믿기 시작하는 곳입니다. 나는 치료받은 기분도 느끼지 못하고 치료받은 것처럼 보이지도 않았습니다. 그러나 나는 겉모양이나 느낌으로 살지 않습니다. 나는 내가 믿는 믿음으로 삽니다.

이것이 바로 접촉점입니다. '접촉점'이란 당신의 믿음을 풀어놓고 자신의 치료를 위해 믿기 시작하는 기점을 말합니다. 당신은 어디서부터이든지 시작을 해야만 합니다. 달리기를 시작하지 않고서는 무슨 경주든지 끝낼 수가 없습니다. 반드시 출발지점이 있어야 합니다. 당신의 출발점은 당신 위에 손이 놓여지는 그 순간이 될 수 있습니다.

그곳이 바로 "나도 치료받았다"고 믿기 시작하는 출발점이 될 수 있는 것입니다. 회중들 중에 어떤 사람들은 "케네스, 주님이 정말 당신을 고치셨습니까?"하고 묻기 시작했습니다.

"그럼요."

"그런데 당신은 치료받은 것 같아 보이지 않는데요. 기분은 어떠신지요?"

"아무 차이가 없습니다."

"글쎄, 당신이 별로 달라 보이지도 않고 달리 치료받은 것을 느낄 수도 없고 우리가 보기에도 당신은 나은 사람처럼 보이지 않는데 무엇이 당신을 치료받았다고 생각하게 하십니까?"

"나도 치료받았다고 생각하는 것이 아니라 나는 그냥 치료받은 것을 알고 있습니다."

믿음은 아는 것이란 사실을 깨달으십시오. 어떤 사람들은 "나는 그 정도보다는 낮게 생각합니다"라고 말합니다. 그러면 나는 이렇게 말해 줍니다. "마음대로 하십시오. 치료받지 못하고 사는 것도 당신 믿음입니다. 당신은 내 얼굴이 환한 것을 알아차리시지 않으셨습니까? 나는 나의 치료를 받았습니다."

나는 예수님께서 말씀하신 것이 진리라는 것을 압니다. 나는 받은 줄로 믿으면 내가 소유하게 되리라는 것을 알았습니다.

나는 내 자신이 정말 믿고 있는지 알고 있습니다. 믿어지면 믿는다고 말합니다. '내가 치료받을 것이다' (미래 시제)가 아니라 '나는 치료받고 있습니다' (현재 시제)입니다.

털사의 한 순복음교회 부목사가 아파서 일하러 갈 수 없는 한 성도를 기도해 달라고 보낸 적이 있었습니다.

그는 내게 이렇게 말했습니다. "나는 그동안 당신이 설교하는 것을 들어왔습니다."

그래서 그에게 기름을 바르고 손을 얹었습니다. 그리고 기도를 막 하려다가 아무 생각 없이 나는 기도를 멈추고 그에게 이렇게 말했습니다. "내일 당신은 무엇을 하시렵니까?"

그 아픈 사람은 "나는 여기 침대에 누워 있을 것입니다"라고 말했습니다.

"그렇다면 이 기도를 끝까지 할 필요도 없군요. 나도 지금 여기를 떠나는게 낫겠군요. 당신은 아무 것도 믿지 않고 있습니다."라고 그에게 말했습니다.

그 사람은 잠깐 생각해 보더니 "그 말이 맞군요, 그렇지요?"라고 대답했습니다.

나는 그에게 물었습니다. "언제 당신이 치료를 받게 됩니까?"

"당신이 기름을 내게 바르고 내게 손을 얹고 기도할 때, 바로 그때지요."라고 그가 말했습니다.

그는 아직 내가 그 기도를 마치기도 전에 그의 아내에게

"직장에 전화해서 내일 내가 출근할 것이라고 말해줘요"라고 말했습니다. 그때 나는 그를 위해 기도했고, 감사하게도 다음 날 그는 일하러 나갔습니다.

언젠가는 한 여자가 그 교회 담임목사님과 내게 뛰어와서 "목사님! 지금 즉시 나를 위해 기도해 주세요."라고 말했습니다. "우리는 조금 있다가 신유집회를 시작할 것입니다. 내가 치료에 관해 설교할 것이고 해긴 형제가 예배 끝날 때 병든자에게 손을 얹으려고 합니다. 별로 오래 걸리지는 않을 것입니다." 목사님이 말하였습니다. "찬송이 벌써 시작되었습니다."

"네, 네, 그렇지만 나는 목사님과 해긴 형제가 지금 바로 내게 손을 얹기를 원합니다. 난 빨리 집에가서 침대에 누워 있어야 한다구요"라고 그녀가 말했습니다.

이 여자에게 손을 얹은즉 무슨 소용이 있겠습니까? 그녀는 벌써 낫지 않을 것이라고 입으로 고백하고 있는데 말입니다.

당신이 기도할 때 성경은 말하기를 당신이 받은 줄로 믿으라 그러면 당신이 그것을 갖게 될 것이라고 말하고 있습니다.

손을 얹는 것은 당신의 믿음의 접촉점으로서 당신이 믿음을 역사하도록 풀어놓는 기점입니다. 나는 접촉점으로서 사람들에게 손을 얹습니다. 그러나 치료를 일으키는 또 다른 영적인 법칙이 있습니다. 그것은 접촉과 전이의 법칙입니다the law of contact and transmission.

어떤 사람이든지 하나님이 원하시면 치료를 할 수 있는 능력으로 기름 부음을 받을 수 있습니다. 이 기름부음을 받은 자가 영적 법칙에 순종하여 병든자에게 손을 얹을 때 기름 부음 받은 손은 하나님의 치료의 능력을 그 환자에게 전이할 것입니다.

믿는 자들 역시 접촉과 전이의 법칙이 역사하도록 믿음을 사용해야 합니다.

혈루병을 앓고 있던 그 여인(마태복음 9장)은 이 원리의 한 예입니다.

예수님은 치료의 능력으로 기름 부음을 받으셨습니다. 성경은 말씀하시기를 그 능력이 주님으로부터 나갔으며 그녀를 치료하였다고 말하고 있습니다. 그러나 예수님은 "딸아 안심하라 네 믿음이 너를 구원하였다"라고 말씀하셨습니다.

나는 병든 자에게 접촉점으로서 뿐만 아니라, 이 접촉과 전이의 법칙에 순종하여 손을 얹을 때, 나의 손의 접촉이 하나님의 치료의 능력을 전이하게 되어 사탄이 가져온 역사를 무력케 하여 병이 완전히 낫도록 합니다.

왜 내가 그렇게 담대히 말하고 있느냐구요? 왜냐하면 주 예수 그리스도께서 스스로 내게 환상 가운데 나타나셔서 말씀하셨기 때문입니다. 주님은 그분의 오른손 손가락 하나를 나의 양손 바닥 위에 얹으시더니 이렇게 말씀하셨습니다.

"내가 너를 불렀고 내가 너에게 기름부었다. 내가 너에게 병든자를 섬길 수 있도록 특별한 기름 부음을 주었다. 이에 대하여 담대하거라. 사람들에게 네가 나를 보았다고 말하라. 내가 너에게 말한 것 그대로 그들에게 말하라. 만일 그들이 네가 기름 부음을 받았다는 것을 믿으면 그들은 그 기름 부음을 받을 것이며 그러면 능력이 너의 손으로부터 그들의 몸으로 흘러 들어갈 것이며 그들의 몸에서 치료와 고침을 행할 것이다. 그리고 연약한 것과 병들을 쫓아낼 것이다. 네가 더욱 담대히 말하면 말할수록 더 많은 결과를 네가 갖게 될 것이다."

6. 병 고치는 은사들을 통하여 치료를 받으십시오

고린도전서 12장 9절은 교회에 주신 하나님의 영적인 은사들 중의 하나가 병 고치는 은사들이라고 말하고 있습니다. 이것은 다른 치료의 방법들과 다른 것입니다.

"병 고치는 은사들"이란 무엇입니까?

이 은사는 한 개인에게서 다른 사람에게로 치료하는 능력이 초자연적으로 나타나는 것을 말합니다.

이것이 이 은사를 가장 간단하게 설명한 말입니다. 우리가 하나님으로부터 받은 것은 무엇이든지 다 선물입니다. 그러므로 일반적으로 말한다면 모든 치료가 다 은사입니다. 그러나 그것은 "병 고치는 은사들"이 아닙니다. 병 고치는 은사의 나타남은 성령님에 의해서 시작됩니다.

성령 세례를 받은 후에도 나는 아직도 하나님의 영을 이해하지 못하고 있었습니다. 내가 알고 있는 모든 것은 내가 성령의 충만함을 받았다는 것 뿐이었습니다.

성령세례를 받은 이후 나는 침례교도들로부터 약간의 따돌림을 받았습니다. 그래서 나는 순복음 계통 사람들과 교제하게 되었습니다. 그리고 텍사스 북쪽에 있는 순복음 교단의 작은 교회에 담임목사로 부임하게 되었습니다.

그곳에서 나는 사랑스러운 아내를 만나 결혼하게 되었습니다. 그녀는 감리교도였고 성령 세례를 받지 못했으나 성령 세례를 믿고는 있었습니다.

내가 결혼한지 나흘째 되는 날 저녁에, 오랫동안 감리교 신앙을 지켜왔던 아내의 집에서 함께 가족기도를 하고 있었는데, 주님께서 성령을 통하여 "네 아내 위에 손을 얹으라 내가 그녀를 성령으로 충만케 하겠다"고 내게 말씀하셨습니다.

그때가 1938년이었습니다. 나는 이 방면에 초보자였습니다. 나는 1933년에 성령을 받았습니다. 나는 성령 세례를 받도록 어떤 사람이 다른 사람에게 손을 얹는 것을 본 적이 없었습니다. 내가 속한 교단에서는 그런 식으로 행하지 않았으며 나도 그것이 맞는지 틀린지도 몰랐습니다. 나는 혼자 생각하기를 만일 내가 이 생각을 무시해 버린다면 이 말씀이 사라지리라고 생각했습니다. 그러나 사라지지 않았습니다.

주님은 다시 내게 말씀하셨습니다. "네 손을 네 아내 위에 얹으라 내가 그녀를 성령으로 충만케 해주겠다" 나는 주 예수님께서 성령을 통하여 내 영에게 말씀하고 있다는 것을 인정하였으나, 어느 것이든지 잘못된 일은 하기를 원치 않았습니다.

그런데 그날 한밤중에(나는 시계를 보았습니다. 1938년 11월 28일 밤이었습니다.) 그와 똑같은 음성이 반복되었습니다. "네 손을 네 아내 위에 얹으라. 내가 그녀를 성령으로 충만케 해주겠다."

나는 눈을 뜨고는 좀 겁이나서 주위를 둘러보았습니다. 나는 스스로 이렇게 말했습니다. '그래 한번 그렇게 해봐도 별탈은 없겠지!' 나는 내 왼손을 아내의 머리 위에 얹었습니다. 그 순간 그녀는 두손을 쳐들고는 방언으로 말하기 시작하였습니다. 내 아내는 한시간 반가량 방언으로 말하고 방언으로 세 곡의 노래를 불렀습니다. 우리는 그 오래된 모범 감리교도 집에서 오순절을 체험했습니다!

그 일이 있은 후 똑같은 음성은 나에게 장모님의 치료를 위해서 무엇을 행하고 무엇을 말해야 하는지를 말씀했습니다.

그녀는 내일 갑상선 수술을 받기 위해 병원에 입원하기로 되어 있었습니다. 그녀는 치료에 대해서는 전혀 믿음이 없었습니다.

만일 그녀가 치료받을 것을 기대하고 있다면 병원에 가는데 필요한 짐을 챙길 필요가 없었을 것입니다. 그러나 그녀는 짐을 챙겼습니다. 그 음성은 내게 이렇게 말씀하셨습니다. "내가 네게 병 고치는 은사들을 주었다. 나는 너를 병든 자를 섬기라고 보냈다."

내가 하나님의 성령께서 하라고 하신 일을 행했을 때 순간적으로 그 갑상선은 누군가가 풍선을 바늘로 찌른 것처럼 가라앉아 버렸습니다.

이 경우에는 그녀가 하나님을 믿어서 치료받은 것이 아닙니다. 그 후에 당신이 그녀에게 질문을 한다면 그녀는 이렇게 말하였을 것입니다. "절대 아닙니다. 이것은 내 믿음이 아닌 줄 잘 알지요. 나에게는 치유에 대한 믿음이 전혀 없었습니다."

당신은 왜 그녀가 치료받았는지 그 이유를 아시겠습니까? 하나님의 영이 제게 무엇을 해야할지를 말씀하셨기 때문입니다. 그러나 병 고치는 은사의 나타남은 내가 원한다고 되는 것은 아닙니다.

이 은사는 성령께서 원하심에 따라 나타납니다. 나는 같은 곳에서 모든 단추를 눌러보고 모든 레버를 다 당겨보고 내가 말한 모든 말씀을 다 고백해도 아무일도 일어나지 않았습니다. 그리고는 아무 일도 일어나지 않고 지내다가 나는 이렇게 말했습니다. "그런 일이 다시는 일어나지 않을거야." 그런데 그때부터 역사는 나타나기 시작합니다.

성령의 나타남은 성령이 원하시는 대로라는 사실을 깨달으십시오. 나는 이 성령의 나타남에 대하여 하나님께 감사하며 또한 믿고 있습니다. 그러나 이것은 치료를 얻어내는 한 가지 길일 뿐입니다.

모든 방법 중 가장 좋은 방법은 베드로전서 2장 24절을 아는 것입니다. "저가 채찍에 맞음으로 너희는 나음을 얻었나니" ('얻을 것이다' 가 아니라 '얻었다' 입니다.)

7. 치료는 당신께 속한 것이라는 것을 아십시오

우리가 치료함을 받을 수 있는 가장 좋은 방법은 당신 스스로가 성경(이사야 53:4-5, 마태복음 8:17, 베드로전서 2:24)에 기록된 말씀, 즉 치료는 하나님의 구속 계획 가운데 포함되어 있으며 당신의 것이며 그가 채찍에 맞으므로 우리는 나음을 입었다는 것을 아는 것입니다.

우리는 이미 나음을 입었으므로 우리의 몸이 약해지거나 병드는 것을 거부해야 합니다. 우리는 우리 몸에 있는 것 같아 보이는 모든 고통과 아픔과 질병을 예수님이 담당하셨다는 것을 알고 있습니다. 예수님께서 그것들을 짊어지셨습니다. 우리가 더 이상 짊어질 필요가 없어졌습니다. 우리가 해야 할 일은 하나님의 뜻과 그분의 말씀에 뜻을 합하고 "그가 스스로 우리의 약함을 감당하시고 우리의 병을 짊어지셨다"는 것과 "그가 채찍에 맞으므로 우리가 나음을 입었다"는 사실을 받아들이는 것입니다.

우리는 단순히 이 사실을 믿기 때문에 하나님께 감사합니다. 누군가가 우리에게 손을 얹을 필요가 없습니다. 우리는 어떤 성령의 은사들의 나타남을 꼭 필요로 하지는 않습니다. 우리는 단순히 아버지께 우리의 완전한 구원에 대해서 감사할 뿐입니다.

모든 그리스도인은, 치유하심이 그리스도 안에서 그 절정을 이루고 끝이 났음을 철저하게 깨달아야 합니다. 그들이 머리로 이해하듯이 그들의 영으로 알게 된다면 연약함과 질병은 그들의 몸에서 끝날 것입니다.

그러나 모든 신자가 말씀을 믿고 그대로 행하는 것이 신유의 한 방법임을 확실히 알고 있지는 못합니다. 아직 모든 신자가 이런 가르침을 받지는 못했기 때문입니다. 이 진리는 신유를 믿는 사람들마저도 확실히 알고 있지 못합니다. 이 영역에 관해 믿는 자들의 정보가 빈약하므로 지식 이외의 것은 믿을 수가 없고, 따라서 하나님의 역사는 나타나지 않습니다.

그래서 하나님께서 말씀을 통하여 치료받을 수 있는 이 일곱 가지 방법을 마련해 놓으신 이유입니다(이 주제에 대한 또 다른 강해는 제가 가르친 "말씀을 통해 치료함을 받는 일곱 가지 방법"이란 과목에서 발견할 수 있습니다).

5

하나님이 초자연적으로 치료를 시작하는 것과 우리가 우리의 믿음을 통하여 시작하는 치료의 차이를 아십시오

우리는 이 차이를 알아야 합니다. 그렇지 않으면 치료에 방해를 받습니다. 요한복음 5장에서 우리는 예루살렘의 베데스다 연못에 관하여 읽습니다. 그 연못 주변에는 다섯 개의 회랑이 지어져 있었습니다. 이 회랑들은 물의 동함을 기다리는 병든 사람들 – 절름발이, 전신마비 환자, 소경 등 – 로 가득 찼습니다.

어떤 때 천사가 하늘로부터 내려 와서 물을 움직였습니다. 이때 연못에 먼저 들어가는 자가 치료를 받았습니다. 하나님께서는 자의로 무슨 일을 시작하신다는 것을 아시겠지요. 그분은 절대적인 존재이십니다. 만일 하나님께서 그분의 절대주권적

행동으로서 한 천사를 그곳에 내려보내시고 물을 휘젓고 하여서 누군가를 고치시기를 원하신다면 그분은 그렇게 하실 수 있습니다. 하나님은 땅 위에 사는 누구에게도 이 일을 허락해 달라고 편지를 쓸 필요가 없습니다.

그곳에서 사람들은 치료를 받았습니다. 치료받지 못했다면 그들은 그곳에 모여 있지 않았을 것입니다.

나는 들것에 실려서 교회에 오는 병든 사람들을 보지 못했습니다. 당신들은 보셨나요? 어떤 곳에 가보면 병든 사람이 하나도 없는 곳도 있습니다. 왜 그럴까요? 왜냐하면 아무도 그곳에서 치료받지 못했기 때문입니다! 그러나 나는 병이 낫는 일이 많이 일어나는 곳에도 가 보았습니다. 그곳에는 병자들이 있었습니다.

베데스다 그 연못에서는 오직 한 사람만이 치료함을 받았다는 사실을 주의해 보셨습니까? 제일 먼저 들어간 사람만이 치료받는다는 것입니다. 그리고나서 그 무리는 다음번 물이 동할 때까지 기다려야만 했습니다.

병 고치는 은사들도 이와 비슷한 방법으로 역사합니다. 당신은 5000명 정도가 모여서 지식의 말씀이나, 계시 은사들, 병 고치는 은사들의 나타남을 통해 오직 15~20명만 치료받는 곳에 가 본 적이 있습니까?(이런 특별한 은사의 나타남은 가끔 함께 역사하십니다.) 이 사람들이 치료받는 것을 볼 때 다른 사람들도 하나님을 믿기 시작하고 그러면 그들도 치료함을 받습니다.

이렇게 하나님께서 어떤 일을 스스로 시작하십니다. 이에 대해 감사합시다. 나는 이것을 사랑합니다. 이 분야가 저의 주된 사역분야는 아니지만 하나님께서는 제한되게나마 특별한 성령의 나타남을 통해 저를 사용하십니다.

가끔 나는 밤중에 깨어 일어나서는 나를 깨우신 분이 주님임을 깨닫고 "주님, 나는 내가 어떻게 기도해야 할 지를 모릅니다. 나를 도와주세요"라고 말합니다. 그러면 성령님께서는 나를 돕기 시작하십니다. 나는 내 곁에 누운 아내를 결코 잠에서 깨우지 않게 작은 목소리로 방언으로 기도하기 시작합니다.

나는 지난 오랜 세월을 수천 번 이렇게 기도해 왔습니다. 가끔 기도를 끝냈을 때 나는 환상을 보곤 했습니다. 나는 다음날 있을 예배의 환상을 본적도 있습니다. 나는 "내가 당신을 지난 밤 나의 방에서 환상 가운데 보았는데, 당신은…(나는 그들이 어디가 아프며 그들이 치료를 받았다고 말합니다)"하고 그 사람에게 말하고 있는 환상을 보기도 했습니다. 이것이 바로 병 고치는 은사들이 역사하는 것입니다.

이런 사람들은 대개 즉시 치료함을 받습니다. 단 한 사람도 낫지 않은 적이 없었습니다. 하나님께서 그분의 주권으로 스스로 어떤 일을 시작하신 경우입니다. 이런 성령의 나타남은 하나님의 임재와 권능의 표적이 됩니다.

어떤 사람들은 예배에 참석하여서 이런 표적이 나타나기만을 기대합니다. 이런 사람들은 하나님께서 스스로 무엇인가를 시작하지 않으시면 결코 치료받지 못할 것입니다. 그래서 많은 사람들은 이런 일들이 그들에게 일어나기만을 기다리다가 죽어가고 있는 것입니다.

하나님은 이렇게 역사하시기도 하지만 모든 사람들에게 항상 이렇게만 역사하시는 것은 아니며 결코 그럴 수도 없다는 것을 당신은 알아야만 합니다.

나의 아내와 나는 목회자로서 침대에서 죽어가는 많은 사람들을 방문하였습니다. 우리는 기도하였고 기도한대로 믿었으며 우리의 기도로 말미암아 많은 사람들이 치료받는 것을 보았습니다. 그러나 가끔 하나님께서는 스스로 주권적으로 무엇인가 시작하시기도 합니다.

저는 병석에 누워 있던 한 자매에 대해 얘기하고자 합니다.

내가 그녀를 위해 막 기도를 시작했는데 주님의 음성이 내게 들리기를 "기도하지 말라. 그 여자에게 일어나라고 말하라. 그 여자는 나음을 얻었느니라"고 말씀하시는 것이었습니다.

이런 말을 한다는 것이 얼마나 바보스러운 일입니까? 여기 이 여인은 침대 위에 누워 죽어가고 있습니다. 나는 그녀에게 말했습니다. "자매님, 이전에 아무에게도 이런 말을 한 적이 없는데 주님께서는 내게 말씀하시기를 당신에게 일어나라고 하십니다. 당신은 나았습니다." 즉시 그녀는 일어났고 나았습니다.

그날은 목요일이었습니다. 주일 낮과 저녁 두 번의 예배시간에 그녀는 간증을 하면서 기뻐 뛰며 말하였습니다. 교회의 한 여자가 내게 말했습니다. "해긴 형제님, 우리 동네 끝에도 한 여자가 생명을 포기하고 침대에 누워 있습니다. 만일 형제가 이분을 고치셨다면 이 여자에게도 가서 고쳐 주시지 않겠습니까?"

"아닙니다, 부인. 만일 그들이 내가 방문해 주기를 바래서 나를 부른다면 나는 갈 것입니다. 그러나 하나님은 신사이십니다. 그리고 나도 신사고요. 나는 어느 누구에게도 나의 방법을 강요하지 않을 것입니다. 이 병 고침을 받은 여인은 우리가 오기를 요구하였습니다. 그녀의 이웃이 주님께서 전에 나를 어떻게 사용하셨는지 말하면서 내가 가면 그녀가 나음을 얻을 수 있을 것이라고 말했습니다. 그녀는 이 말을 믿었기 때문에 고침을 받았습니다. 하나님께서는 그분 스스로 무엇을 행하시는 분이십니다. 예수님께서도 온 세상에 나가서 사람들에게 신유가 무엇인지를 증명하라고 말씀하시지 않으셨습니다. 주님은 '가서 말씀을 전파하라' 고 하셨습니다."

제가 오클라호마 주에서 설교하던 때였습니다. 누군가 신문에 광고를 내었는데, 누구든지 해긴 목사님의 집회에서 치료를 받은 증거가 있는 사람에게는 1000불의 보상을 해주겠다고 했습니다. 사람들은 내게 토론할 것을 도전하는 편지를 보내왔고, 심지어는 라디오 방송에 나가서 신유에 대해 말도 안되는 비난을 하였습니다. 나는 그냥 그들을 무시해 버렸습니다. 나는 당나귀가 무슨 소리를 내는지에는 관심을 기울이지 않습니다(나는 그들이 당나귀 소리를 하는 것을 들었으므로 이 일도 내게는 별로 새로운 것이 아니었습니다).

어느날 밤 내가 강단에 올라서자마자 나는 예배당 맨 뒤에 옷을 잘 입은 다섯 명의 신사가 서 있는 것을 보았습니다. 주님의 음성은 내게 "저 다섯 사람이 무슨 무슨 교회의 목사들이다. 저들이 네게 도전하고 있는 자들이다. 나는 이제 네가 이러이러한 본문을 가지고 설교하기 바란다"라고 말씀하셨습니다. 나는 성경을 펴서 설교를 시작했습니다.

후에 그 교회의 담임 목사님이 말하기를 "나는 당신이 온 신약성경을 전부 다 인용하려는 줄로 생각했습니다"라고 했습니다. 설교에 관하여라면 나는 과거에도 그 후에도 그렇게 설교를 해본 적이 없습니다.

내가 설교를 마무리할 때쯤 똑같은 그 음성이 내 심령에(내 귀가 아니고) 이렇게 말했습니다. "이제 회중들에게 네가 설교한 것을 보여 주어라." 성령께서 내게 이렇게 역사하실 때 나는 정말 신납니다. 나는 정말 성령께서 모든 예배 때마다 그렇게 하시길 원합니다만 그렇지는 않습니다. 그분 마음대로이지 내 마음대로가 아니기 때문입니다.

들것에 들려와서 누워 있는 사람이 있었는데 누구나 그가 다 죽어가고 있다는 것을 알 수 있었습니다. 그는 뼈 위에 피부만 입혀 놓은 모양이었는데 마치 죽은 자의 사진같이 시체처럼 보였습니다. 또 거기는 고등학교를 우등생으로 갓 졸업하려고 하는 두 젊은 숙녀도 있었습니다. 그들은 며칠 전 밤 집회 때 구원을 받은 사람들이었습니다.

주님의 말씀이 내게 임하였습니다. "이 회중에게 너는 말하라." 나는 주님이 지시하신 대로 선포하였습니다. "내가 이제 이 두 젊은 숙녀에게 손을 얹으려고 합니다. 그러면 각자는 성령을 받을 것이며 방언으로 말하기를 시작할 것입니다. 그리고는 저기로 가서 저기 누워 있는 사람을 손도 대지 않고 기도도 하지 않고 그에게 일어나라고 말할 것입니다. 그러면 그 사람은 들것에서 일어날 것이며 치료받을 것입니다. 그는 제단 앞으로 걸어 나올 것이며 이 교회에 있는 모든 사람들은 우리들의 눈 앞에서 즉시 치료받은 그 사람을 보게 될 것입니다. 내가 말한 이 일들 중에 어느 것도 말한대로 일어나지 않으면 나는 거짓 선지자입니다."

이것이 주님이 내게 말하라고 하신 것입니다. 만일 이 일이 그대로 일어났다면 이것은 표적입니다. 하나님은 때때로 표적을 보여주십니다. 하나님은 그분 스스로 원하실 때에 그 일들을 행하십니다.

성경은 "많은 표적과 기사들"이 사도들의 손으로 나타났다고 말하고 있습니다(행 5:12).

표적과 기사들은 무엇입니까? 우리는 알지 못합니다. 나는 "이것이 하나님의 성령께서 내게 임하여서 나를 부르시고 내게 기름부으셔서 이런 사역을 하라고 한 것에 대해 그들에게 보여준 표적입니다"고 말하고 말씀을 마쳤습니다.

그 젊은 숙녀들을 앞으로 불러내고 먼저 나온 사람에게 손을 얹고 "성령을 받으라"고 말했습니다. 그녀는 손을 들더니 다른 방언으로 말하기를 시작했습니다. 나는 마이크로폰을 그녀 앞에 갖다 대었습니다. 그녀는 더듬지 않고 한 언어를 말했습니다. "자, 잘 들어보십시오. 그녀가 만들어 하는 말이 아닙니다. 그녀는 방언을 말하며 여기 서 있습니다. 어린 아기도 그녀가 말하는 것이 언어라는 것을 알 것입니다!" 나는 다른 숙녀에게도 손을 얹고 "성령으로 충만함을 받을찌어다"라고 말했습니다. 그녀도 방언을 말하기 시작했습니다.

그리고 나서 나는 들것에 누워 있는 사람에게로 걸어가서 그에게 말했습니다. 그는 일어나서 모두가 보는 앞에서 바로 걸었습니다. "왜 당신은 매 예배 때마다 그렇게 안하십니까?"라고 여러분은 물을지 모르겠군요. 그러나 내가 그런 일을 하는 것이 아닙니다! 성령님께서 나를 통하여 그런 일을 행하시는 것입니다. "그렇다면 왜 성령님은 모든 예배 때마다 그렇게 역사하시지 않지요?"

나도 모르겠습니다. 알기를 원하신다면 그분께 여쭈어 보십시오. 일을 행하시는 분은 그분이니까요.

가끔 이런 역사가 나타나지 않으면 나는 이런 나타남을 갈망하며, 이런 나타남이 나를 통해서든지 다른 사람을 통해서든지 나타날 때 나는 하나님께 감사드립니다.

그러나 형제 자매여, 나는 내가 믿음의 말씀을 설교하고 있을 때도 똑같이 스릴을 느낍니다. 혈루병 앓던 여인의 이야기가 우리에게 말하고 있는 바와 같이 당신 자신의 믿음이 치료를 시작할 수 있다는 것을 깨달을 필요가 있습니다.

당신의 믿음도 치료를 가능케 할 수 있습니다! 당신은 하나님의 역사하심만 기다리고 있을 필요가 없습니다.

이 여인은 그녀의 모든 재산을 탕진하고 많은 의사들에게 고통을 받았고 병은 점점 악화 되었다고 성경은 말하고 있습니다. 그녀가 예수님 이야기를 들었을 때 그녀는 군중 속에서 예수님 뒤에 서서 예수님의 옷에 손을 대었습니다. 그녀는 이렇게 말했습니다. "내가 그의 옷에만 손을 대어도 구원을 얻으리라"

즉시 "혈루의 근원이 말랐다"고 하였으며 예수님은 그녀를 돌아보시며 "딸아 네 믿음이 너를 구원하였다"(막 5:34)고 말씀하셨습니다.

"내가 당신의 치료를 시작한 것이 아닙니다. 이것은 무슨 특별한 나타남이 아닙니다. 당신의 믿음이 당신을 구원하였습니다. 당신의 믿음이 그렇게 한 것이지요." 나는 이 말에 스릴을 느낍니다.

내가 병들어 누워 있을 때 주님께서 내게 하신 말씀이 바로 이것이었습니다. "만일 그녀의 믿음이 그녀를 구원하였다면 너의 믿음도 너를 구원할 수 있다." 나의 믿음은 나를 구원하였습니다! 이것이 바로 내가 이 믿음의 말씀을 온 인류에게 전하기를 열망하는 이유입니다.

나는 16살 된 침례교도로서 이 믿음이 내게 무슨 일을 가능케 했는지 잘 알고 있습니다. "너는 죽게 되어 있다. 죽어야 한다. 너는 살 수가 없어." 의사들은 내게 말하였습니다. 나는 의사들을 주신 하나님께 감사합니다. 나는 의사들이 나를 위하여 수고하는 모든 것에 대하여 감사하는 마음을 가지고 있습니다. 그들은 친절했습니다.

내가 그 불치의 병에서 고침 받은 뒤에 나는 감사의 말씀을 드리려고 나의 주치의였던 로버슨 박사님을 찾아 뵈었습니다.

"선생님, 선생님이야말로 내가 어디가 잘못 되었는지 내게 말해 주신 유일한 분이었습니다. 선생님이 나는 아무 것도 할 수 없고 죽기를 기다릴 수 밖에 없다고 내게 말한 유일한 분이었습니다."

그는 눈물을 흘리며 내게 이렇게 말하였습니다. "하나님의 기적이다. 의학은 너를 도울 수 없었단다. 나는 환자들에게 사실을 알려 주어야 된다고 생각하는 사람이란다."

"선생님, 제게도 사실대로 말해 주셔서 정말 감사합니다."

그 의사 선생님은 내게 아무 비용도 청구하지 않으시고 "나는 아무 것도 할 수 없지만, 네가 부르기만 하면 언제든지 밤이나 낮이나 찾아오마. 나는 네게 일 페니도 비용을 청구하지 않을거야"라고 말했습니다.

나는 하나님께서 사람을 돕기를 바라고 진실을 말해 주는 그런 사람을 축복해 주실 것을 믿습니다. 나는 그분께 매우 감사합니다. 그분은 지금 천국에 계십니다. 하나님께 감사합니다.

그러나 나는 당신께 말합니다. 나의 믿음은 역사하였습니다. 나는 믿으면 된다는 것을 압니다. 그리고 믿음은 오늘도 역사합니다.

6

치료는 언제나 즉시 되는 것은 아니며, 때로는 점진적으로 진행됩니다

종종 우리는 이 사실을 깨닫지 못하여 하나님의 역사를 놓칩니다.

어떤 사람이 내게 "해긴 형제, 성경에서는 사람들이 항상 순간적으로 치료받았지 않습니까?"라고 물었을 때 나는 이렇게 대답했습니다. "열 명의 문둥이들의 경우를 보세요. 성경은 그들이 가는 도중에 나았다고 말하고 있습니다"(눅 17:14).

얼마전 나는 어떤 여자로부터 다음과 같은 편지 한 장을 받은 적이 있습니다.

『나는 10개월 전에 당신의 기도를 받았습니다. 당신이 내게 손을 얹었을 때 나는 성령의 권능 아래 넘어졌습니다. 그러나 나는 나은 징후를 느낄 수 없었습니다. 중풍으로 왼쪽 팔과 다리가 무감각한 상태였고 목발을 짚고서야 다닐 수 있었습니다.

내가 짐작하기에는 사람들은 내가 치료받지 못한 줄로 생각하는 것 같았습니다. 왜냐하면 그 집회를 마치고 떠날 때 나는 목발을 짚고 있었으니까요. 내가 교회에서 한 두 블록쯤을 걸어갔을 때 갑자기 다리가 후끈후끈해졌고 팔과 다리에 감각이 되살아났습니다. 이젠 팔 다리 모두 완쾌되었습니다.

뿐만 아니라 나는 지난 40년간 담배를 피웠었는데, 나는 이것이 나쁘다는 것을 알고 끊으려 했지만 내 힘으로는 끊을 수가 없었습니다. 당신이 내게 기도해 주신 이후로 나는 한 개피도 피우지 않았습니다. 나는 이제 피우고 싶은 마음도 없어졌습니다. 할렐루야!』

하나님께 영광을 돌립니다. 하나님의 능력이 그렇게 하신 것입니다. 무슨 일이 일어났는지 그 당시는 말할 수 없는 경우가 흔히 있습니다.

또 다른 예는 우리가 텍사스에서 라디오를 통하여 중계를 하는 집회를 열고 몇 개월이 지난 후에 편지를 보내 온 여자의 경우입니다. 이 여자도 관절염 환자로서 목발을 짚고 걸었으며 기도 받은 후에도 즉시 걷지는 못했습니다.

『나는 목발을 다시 짚어야만 했습니다. 집회장 뒤에 마련된 책 전시를 하는 책상으로 목발을 짚고 걸어가서 책을 몇 권 산 후 주차장으로 나갔습니다. 책을 차 위에 놓고는 지갑을 열어 차 열쇠를 찾고 있었는데, 갑자기 내가 고침을 받았다는 것을 깨닫게 되었습니다! 내가 차 옆에 서 있는 중에 치료의 증거가 나타났습니다. 두 달이 지나도록 나는 더 이상 목발을 사용하지 않고 있습니다. 나는 고침 받았습니다. 나는 목사님께 감사드리고 싶습니다.』

열 명의 문둥병자는 그들이 가는 중에 고침 받았습니다. 성경은 한 귀족의 아들이 예수님께서 그를 위하여 기도한 그 시간부터 "낫기 시작했다"고 말하고 있습니다(요한복음 4장). 이 말이 무엇을 의미합니까? 이것은 그가 치료받은 그 시간부터 낫기 시작하여 다 치료받을 때까지 계속되었다는 뜻입니다.

성경은 "…병든 사람에게 손을 얹은즉 나으리라"(막 16:18)고 말하고 있습니다. 때때로 그런 식으로 역사합니다. 그러나 우리는 치료가 항상 즉시 되는 것만이 아니라는 사실을 알 필요가 있습니다. 즉시 낫기도 하는데, 하나님께 감사할 일입니다. 그러나 때로는 서서히 낫기도 합니다.

존 레이크 박사는 말하기를 '때로는 즉시 낫는 것이 오히려 저주다. 왜냐하면 어떤 사람들은 즉시 병이 나아서 그곳을 떠나서는 하나님을 잊어버리고 살기 때문이다'라고 했습니다.

그는 사람들이 점진적으로 치료를 받으면서 그들이 하나님 안에서 행하면 점점 더 치료가 잘 되어가는 것을 볼 수 있으며, 그러한 경험은 그들에게 결국 무한한 영적인 부요함을 주게 된다고 믿었습니다.

7

하나님의 치료의 방법은 영적인 것이며, 우리는 그것을 놓쳐 버릴 수도 있습니다

　신유는 크리스천 사이언스나, 유니티 등 다른 형이상학적인 교사들이 주장하듯이 정신적인 것이 아닙니다. 의학계에서 가르치듯이 육체에만 관련된 것도 아닙니다. 하나님께서 치료하실 때 그분은 영으로 치료하십니다. 하나님은 마음mind이 아니고, 하나님은 사람man이 아닙니다. 하나님은 영the Spirit이십니다.

　하나님의 능력으로 치료받았다는 것은 하나님의 영으로 치료받는다는 것입니다. 신유는 영적이므로 신유를 잃어버릴 수도 있는 것입니다.

　많은 사람들이 마귀에게 들어 올 문을 열어줌으로써 치료를 놓쳐 버립니다. 예수님께서 병 고치시는 자로 나타나신 것은 획기적인 사실입니다.

　예수님은 믿음을 요구하셨고 믿음은 영으로부터 났습니다.

예수님의 모든 치유는 영적이었습니다. 어떤 사람이 기도 받고 병이 나은지 8개월만에 재발하여 저를 찾아 왔었습니다.

"하나님께서 만일 내 병을 고치셨다면 나는 영원히 고침받았어야 할 터인데, 재발한 걸 보니 고치지 않으신 모양입니다" 라고 말했습니다.

"글쎄요. 그렇지는 않습니다. 왜냐하면 예수님께서 밧모섬에서 환상 가운데 요한에게 나타나셔서 소아시아의 7개 교회에게 말씀을 주셨는데, 그 교회 중 한 교회에는 '네가 가진 것을 굳게 잡으라(계 3:11)' 고 말씀하고 있습니다. 만일 그들이 놓칠 리가 없는 것이라면 왜 굳게 잡으라고 그들에게 말씀하셨습니까?"

"아하, 그렇군요. 내 생각이 잘못되었군요."

"네, 그렇습니다. 그래서 당신은 치료받은 것을 놓치고 말았습니다. 당신의 잘못된 생각이 마귀에게 문을 열어 주어서 마귀가 당신에게 병을 되돌려 주게 하였습니다. 내가 8개월 전에 당신을 위해 기도했을 때 당신은 치료받지 않았습니까?"

"예"

"지난 8개월 동안에 어떤 아픈 증상이 있었나요?"

"재발하기 전까지는 조금도 아프지 않았고 아무 징후도 없었습니다."

"질문을 하나 하겠는데요, 그러면 내가 당신께 안수하기 전에 당신은 이 병을 얼마나 앓았습니까?"

"25년입니다."(그는 60세가 넘은 남자였습니다.)

"증상이 없던 날이 하루라도 있었습니까?"

"하루도 없었습니다. 25년간 매일 약을 복용했습니다."

"나는 8개월 전에 예수님의 이름으로 당신께 손을 얹었는데, 그후 지난 8개월 동안 모든 증상과 고통이 사라졌었습니다."

"맞습니다."

"사랑하는 형제여, 그런 상황이라면 어린 아이일지라도 자기가 나은 것을 알 수 있을 터인데 형제는 병의 증상이 당신께 다시 나타났다는 것만 가지고 주님께서 당신을 결코 치료하지 않았다고 생각하십니까?

내가 무슨 일이 일어났는지 정확히 말씀드리지요. 처음 증상이 - 처음 고통이 - 다시 나타났을 때 당신은 '나은 줄 알았는데 안 나은 모양이야' 라고 말했습니다."

그는 눈을 휘둥그레 뜨더니 내게 말했습니다.

"아이구, 당신은 마음 속을 다 읽는 사람이군요. 아니면 점쟁이든가! 정확히 그렇게 말했습니다."

"아닙니다. 내가 당신의 마음을 읽거나 운명을 말하고 있는 것이 아닙니다. 나는 당신이 마귀가 다시 돌아오도록 문을 열어 놓으셨다는 것을 알고 있습니다."

"그런데 그 말이 정확하게 내가 한 말인데요, 정확히 들어 맞는다니까요."

"당신이 '나은 줄 알았는데 안 나은 모양이야'라고 말했을 때 의식적으로나 무의식적으로나 당신은 문을 열어 준 것이며 그리고는 '마귀선생, 내 병을 가지고 어서 돌아오시오!' 하고 말한 것과 같은 것입니다. 그래서 마귀가 병을 가지고 당신을 다시 찾아온 것입니다."

나는 그 사람과 45분 정도 대화를 나누었습니다. 나는 그에게 설교하고 가르치고 손을 얹었습니다. 감사하게도 그는 나음을 얻었고 아직까지 유지하고 있습니다.

일년 후에 내가 그를 보았을 때 그는 아직도 건강했습니다. 왜냐하면 그는 어떻게 병 고침 받은 것을 유지하는가를 배웠기 때문입니다. 그는 마귀를 대적하는 방법을 배웠습니다. 그는 "아니다, 마귀야. 너는 내게 그 병을 다시 줄 수 없다. 나는 치료받았고 또한 나는 치료받은 상태를 굳게 잡고 안 놓칠 것이다"라고 말함으로써 증상들이 다시 나타날 때 어떻게 거부하는지를 배웠습니다.

생전에 "아빠 넬슨"이라 불리던 남서 하나님의성회 대학을 창시했던 믿음의 설교자는 교육을 많이 받은 침례교 목사였습니다. 그는 말하기를 "많은 사람들이 다른 어떤 문제보다 반격 때문에 치료받은 후에도 치료를 놓치게 된다"고 하였습니다.

이는 성경적인 말입니다. 마귀는 자기가 있던 곳에 항상 다시 돌아오려고 하는 본성이 있습니다. 만일 당신이 들어오도록 내버려 둔다면 그는 다시 돌아와서 똑같은 질병이나 똑같은 증상이나 혹은 더 악한 것이 발생하게 할 것입니다.

그러므로 우리는 치유가 영적인 것이며 잃어버릴 수도 있다는 것을 알아야 합니다.

그러면 어떻게 치료받은 상태를 유지할 수 있습니까?

그런즉 너희는 하나님께 복종할지어다 마귀를 대적하라 그리하면 너희를 피하리라   약 4:7

이 말은 마귀로부터 온 것은 무엇이든 대적하라는 말입니다. 만일 거짓말을 하라거나 도둑질을 하라고 마귀가 제안해 오면 당신은 대적할 것입니다. 이와같이 당신이 마귀로부터 온 것은 무엇이든지 대적하면 당신은 바로 마귀를 대적하는 것입니다.

성경은 "하나님이 우리에게 주신 것은 두려워하는 마음이 아니요 오직 능력과 사랑과 절제하는 마음spirit이니"(디모데후서 1:7)라고 했습니다.

만일 하나님께서 두려워하는 영을 주지 않았다면(당신은 하나님이 두려움을 영이라고 부른 것을 눈치채셨습니까?) 누가 그것을 우리에게 주었습니까? 만일 두려워하는 것이 영이라면 이는 분명히 다른 곳으로부터 왔습니다. 이는 마귀로부터 온 것입니다. 두려움은 마귀로부터 오는 것입니다.

나는 침례교 소년 설교자로서 40년 이상 믿음의 삶을 실천하며 살았습니다. 만일 두려움이 오면 나는 두려움에게 말했습니다. "두려움아, 나는 너를 예수의 이름으로 물리친다. 나는 두려움을 거절한다"라고 말했습니다.

내가 나의 위치를 지킨다면 마귀는 언제나 떠날 수밖에 없다는 것을 나는 배웠습니다. 어떤 때는 하루 혹은 이틀씩 내 자리를 지키고 대적해야 되지만 결국은 떠납니다. 두려움이 사라진지 너무 오랜 세월이 지나서 나는 두려움이 어떤 것인지 잊어버렸습니다. 마찬가지로 만일 의심이 찾아오면 나는 의심에 대하여서도 말합니다. "의심아, 내가 너를 거부한다. 나는 의심하는 것을 거절한다."

나의 머리는 "야, 너는 벌써 의심하고 있잖아"라고 내게 말합니다. "무슨 소리야? 나는 의심하지 않아. 의심은 내 마음에 존재하지 않아. 단지 내 머리 속에나 있을 뿐이야. 마귀가 내 머리에 집어넣었을 뿐이야. 어쨌든 나는 내 머리로 행하지 않는다. 나는 의심하는 것을 거절한다"라고 내가 말합니다.

병이 들면 나는 병에게 이렇게 말합니다. "병아, 나는 너를 대적한다!"(이것은 바로 우리가 증거했듯이 마귀를 대적하는 것입니다. 왜냐하면 병은 마귀로부터 오는 것이기 때문입니다. 마귀가 병을 지어낸 자author이므로 병을 대적하는 것은 마귀를 대적하는 것입니다.)

나는 독감까지 대적하므로 성공적으로 물리쳤습니다. 가장 오래 머물렀던 감기증상이 한 시간 반정도였습니다.

일반적으로 말해서 우리 그리스도인들은 이런 일을 실천하며 살아가고 있지 않습니다. 처음에 독감 증세가 조금 나타나면(두통이나 그 어떤 작은 병들이라도) 우리는 흔히 이렇게 이야기합니다. "아하, 감기가 걸렸구나. 맞아, 감기 걸린 것은 나도 알지. 나는 언제나 제일 먼저 감기에 걸린다니까. 여러분 모두 나를 위해 기도해 주세요."

이렇게 해서는 당신을 위한 기도가 아무 효과가 없습니다. 당신은 벌써 "독감이 내 것이다. 나는 독감 걸렸다"라고 고백했기 때문입니다. 나는 성령 세례를 받은 후에 순복음교회 사람들이 모이는 곳에 나갔습니다. 나는 그들보다 믿음에 대해서는 더 많이 알고 있었습니다(그들은 내가 아는 것보다 성령님에 대해서는 더 많이 알고 있었습니다). 나는 그들로부터 성령님에 대하여 배웠으며, 믿음에 관해서는 그들을 도와주었습니다. 그러나 많은 사람에게 도움이 되지는 못했습니다.

그들은 나의 좋은 믿음의 상태가 오래 가지는 않을 것이라고 내게 말하였습니다. 그들은 믿음이 올라가고 내려가는 것, 들어오고 나가는 것, 오늘은 깊은 골짜기, 내일은 산정에 있는 것에 대해 말했습니다. 나는 그들이 무슨 말을 하고 있는지 몰랐습니다.

"글쎄, 자네도 곧 내려 올 걸세"라고 그들은 말했습니다.

45년이 지나 갔습니다만 나는 아직도 내려오지 않았습니다!

나는 한 번도 골짜기에 내려가 본 적이 없습니다. 프레드 프라이스 목사님이 말하듯이 만일 내가 골짜기로 내려간다면 오직 누군가를 구원하기 위해서일 뿐일 것입니다.

내가 나의 첫 번째 순복음교회에서 목회하고 있을 때, 우리는 매월 첫 주 월요일에 친교모임을 가졌습니다. 모든 목사님들이 모여서 줄을 서서는 하나씩 나와 자기들이 가지고 있는 고민들을 말하였습니다. 나는 그들을 도와주려고 최선을 다했습니다. 그러나 어떻게 도울 수가 없어서 문제를 안고 같이 울었을 뿐입니다.

내가 그들을 만나면 그들은 우울한 표정을 하고는 "전쟁은 어떻게 되어 가고 있나?(아마도 그들은 모두 전쟁 중에 있었던 것 같습니다)"라고 인사했습니다.

나는 손을 흔들며 웃으면서 "친구들, 더 좋을 수가 없다네, 난 아무 걱정이 없다네."라고 말하고는 지나갔습니다. 나는 그들의 불신앙으로 오염되고 싶지 않았습니다. 이런 것들은 당신께 옮습니다.

어떤 사람은 예배 시간에는 믿음을 든든히 해 가지고서는 다시 불신으로 가득찬 사람들에게 돌아가서 풀어헤쳐 버리고 믿음을 다 잃고서는 이렇게 말합니다. "그런 것은 해긴 형제에게

나 통할거야. 왜냐하면 그는 설교가요, 하나님은 그에게 믿음의 은사를 주셨지만 내게는 그게 잘 되질 않는단 말이야."

하나님의 말씀은 누구에게나 다 역사하십니다.

나는 믿음으로 행하고 다른 목사님들은 보는 것으로 행하였습니다. 물론 나의 교회에도 문제들이 있습니다만 나는 이미 주님께 말씀드렸습니다.

"주님, 나는 목자 아래 있는 목자undershepherd일 뿐입니다. 주님은 양의 위대한 목자the Great Shepherd이십니다. 나는 나의 일이 무엇인지 알고 있습니다. 나는 말씀을 설교할 것입니다. 나는 심방이 필요한 사람들을 방문할 것입니다. 나는 모든 사람을 똑같이 대할 것입니다. 그리고 나머지 모든 것은 당신께 맡기렵니다. 왜냐하면 나는 어떻게 할지를 모르니까요. 나는 이제 겨우 스물 한 살 밖에 안되었습니다."

"주님, 이 모두 주님의 것입니다. 나는 이에 대해 걱정하지 않을 것입니다. 나는 밥 한끼도 거르지 않고 눈 한번 붙일 정도의 잠도 설치지 않을 것입니다." 그리고 나는 그렇게 살았습니다.

하나님께서는 모든 것을 바로 잡으셨습니다. 나는 "문제 많은 교회"를 담임했습니다. 나는 순복음교단에는 처음이므로 아무도 이 교회에 오기를 원하지 않았다는 사실을 모르고 있었습니다.

교회가 설립된 지 23년이 되었지만 내가 부임해 올 때까지 그 교회는 목사님의 생활을 전혀 도와드리지 않았습니다. 그런데도 이 교회는 그 지역에서 네 번째로 큰 교회였습니다! 내가 그 교회를 떠날 때는 40명의 목사가 지원서를 냈는데 내가 이 자리를 맡을 때는 아무도 오려고 하는 목사가 없었습니다.

하나님께서 내게 이 교회를 맡으라고 말씀하셨습니다. 하나님께 영광을 돌립니다. 믿음은 역사합니다! 믿음은 당신의 삶의 모든 영역에서 역사하십니다.

나는 1971년 세인트루이스 순복음실업인회에서 설교를 하고 있었습니다. 매사추세츠에서 온 한 부부가 호텔 로비에서 내 발걸음을 멈추게 하고는 그들의 15살 된 아들이 작년에 있었던 순복음실업인대회 때 불치병으로부터 어떻게 치료를 받았는가를 말했습니다.

그들은 몇 달에 한번씩 뉴욕시에 있는 전문의에게 아들을 데리고 가곤 했습니다. 한번은 친구들이 그의 가족을 순복음 모임에 초청하였습니다. 그들은 내가 믿음의 고백에 관하여 가르치는 것을 들었습니다. 그러나 그 부모는 가르친 대로 될지 의문을 가졌습니다.

다음날 그 부모는 아들에게 기분이 어떠냐고 물으니까 그는 "나는 어제 다 나았습니다"라고 말했습니다.

"확실한 것이냐?"

"그럼요. 내 일생에 이것보다 더 확실한 것은 없었습니다."

"그런데 네 기분은 어떠냐?" 그들이 따지고 물었습니다.

"그것은 중요하지 않습니다. 하나님 말씀에 나는 치료받았다고 말하고 있습니다."

그 소년은 확실히 꼭 잡고 있었습니다! 그의 부모님들이 몸의 상태가 어떠냐고 물을 때마다 그 소년은 "나는 좋습니다"라고 대답했습니다.

마침내 뉴욕시에 가서 다음 검진할 때가 다가왔습니다. 그들은 정밀 검사를 하기 위해 그를 병원에 3일간 머무르게 했습니다. 모든 테스트는 그 소년이 지극히 건강함을 증명했습니다.

"이 병은 불치병이며 그가 이 병에 걸렸다는 것을 알고 있습니다. 그러나 더 이상 그 병을 가지고 있지 않습니다"라고 의사들이 결론을 내렸습니다.

어느 집회 중에 한 목사님이 치료받기 위해 앞으로 나왔습니다. 내가 그에게 "당신은 치료함을 받았습니까?"라고 말했습니다. 그는 자기 배를 가리키면서 "아니요, 나는 치료받지 못했습니다"라고 말했습니다. "아직도 배가 쓰린 걸 보니 치료받지 못했습니다."

그 집회 때 자기 몸의 균형을 잘 유지하지 못하는 72세 된 남자가 그의 딸의 부축을 받으면서 앞까지 나왔습니다. 그는 지팡이 없이는 서 있지 못하는 술 취한 사람처럼 비틀거렸습니다. 의사는 말하기를 그는 곧 휠체어에 앉아 지내게 될 것이라고 말했습니다. 그는 양쪽 모두 보청기를 끼고 있었는데 이것들이 없으면 천둥소리도 못 듣는다고 했습니다. 그는 곧 큰 수술을 할 예정이었습니다.

그러나 그는 순간적으로 치료를 받았습니다. 그리고 나서 그는 주머니에 넣고 다니는 시계의 초침 소리까지 들었습니다. 그는 사람들에게 보통 소리로 말을 했으며 지팡이 없이도 바로 걸었습니다.

10년 후 그가 82세가 되었을 때 나는 그를 만났습니다. 그때에도 보청기나 지팡이가 그에겐 필요 없었습니다. 그는 그 약속된 수술도 안 받았다고 말했습니다. 그 후로 아무 고통스런 증세도 나타난 적이 없다고 했습니다. 82세에도 바른 자세로 걷고 정상적으로 말하며 온전한 삶을 살고 있었습니다.

그의 담임 목사님은 그 예배에 함께 참석하였습니다. 그는 내게 "해긴 형제, 나는 교회를 사임해야만 할 것같네. 나는 이제 56세 밖에 안되었고, 아직도 설교해야 하는데 지난 10년 동안 건강이 너무 많이 나빠져 가고 있네. 아무래도 더 이상 일을 해 나갈 수가 없네. 자네가 나를 좀 도와줄 수 없겠나?"라고 말했습니다.

"나는 도와드릴 수 없습니다. 하나님도 어느 누구도 도와줄 수 없습니다. 당신이 도와줄 수 없게 하고 있습니다."

"자네가 설교하는 것을 들었지만 나의 육체의 감각을 통해 내가 고침받은 것을 알기 전에는 나의 치료받았음을 믿지 않겠네!"

"가서 앉아 있으십시오. 고침 받지 못하고 지내십시오. 형제는 결코 낫지 않을 것이기 때문입니다."

내가 말을 심하게 하는 것이 아닙니다. 그것이 사실입니다. 그리고 그는 낫지 않았습니다. 그는 치료를 놓쳤습니다.

그가 한 일이 무엇인지 아십니까? 그는 육체의 감각으로 행하는 사람입니다. 그는 치료받은 것을 느낄 수 없다면 그는 치료받았다는 것을 믿지 않을 것입니다.

육체적 감각은 생명에 울타리를 쳐서 하나님을 울 밖으로 몰아내고 그 안에 사람과 그의 질병과 마귀를 들여보내는 장본인입니다.

당신은 고침을 받았습니까? 치료받았는지 어떻게 아십니까?

말씀이 그렇게 말하고 있습니다.

당신이 치료받은 것을 어떻게 압니까?

마태복음 8:17이 이렇게 말하고 있기 때문입니다.

"…우리의 연약한 것을 친히 담당하시고 병을 짊어지셨도다"

베드로전서는 이렇게 말하고 있기 때문입니다.

"그가 채찍에 맞으므로 너희는 나음을 입었나니…"

믿음의말씀사 출판물

구입문의 : 031-8005-5483 http://faithbook.kr

■ 케네스 해긴의 「믿음 도서관」 책들
- 새로운 탄생
- 재정 분야의 순종
- 나는 지옥에 갔다 왔습니다
- 하나님의 처방약
- 더 좋은 언약
- 예수의 보배로운 피
- 하나님을 탓하지 마십시오
- 네 주장을 변론하라
- 셀 모임에서 성령인도 받기
- 안수
- 치유를 유지하는 법
- 사랑은 결코 실패하지 않습니다
- 하나님께서 내게 가르쳐 주신 형통의 계시
- 왜 능력 아래 쓰러지는가?
- 다가오는 회복
- 잊어버리는 법을 배우기
- 위대한 세 단어
- 하나님의 은사와 부르심
- 그 이름은 "놀라우신 분"
- 우리에게 속한 것을 알기
- 성령을 받는 성경적인 방법
- 하나님의 영광
- 은혜 안에서의 성장을 방해하는 다섯 가지
- 사랑 가운데 걷는 법
- 바울의 계시: 화해의 복음
- 당신은 당신이 말하는 것을 가질 수 있습니다
- 그리스도 안에서
- 말
- 방언기도의 능력을 풀어 놓으라
- 옳은 사고방식 틀린 사고방식
- 속량 – 가난, 질병, 영적 죽음에서 값 주고 되사다
- 네 염려를 주께 맡겨라
- 예언을 분별하는 일곱 단계
- 절망적인 상황을 반전시키기
- 당신의 믿음을 풀어 놓는 법
- 진짜 믿음
- 믿음이란 무엇인가
- 그리스도께서 지금 하고 계시는 일
- 충분하고도 넘치는 하나님 엘 샤다이
- 금식에 관한 상식
- 하나님의 말씀 : 모든 것을 고치는 치료제
- 가족을 섬기는 법
- 조에
- 당신이 알아야 하는 신유에 관한 일곱 가지 원리
- 여성에 관한 질문들
- 인간의 세 가지 본성
- 몸의 치유와 속죄
- 크게 성장하는 믿음
- 하나님 가족의 특권
- 기도의 기술
- 나는 환상을 믿습니다
- 병을 고치는 하나님의 말씀
- 영적 성장
- 신선한 기름부음
- 믿음이 흔들리고 패배한 것 같을 때 승리를 얻는 법
- 믿음의 선한 싸움을 싸우는 법
- 하나님의 계획과 목적과 추구
- 예수 열린 문
- 믿음의 계단
- 당신을 향한 하나님의 계획
- 역사하는 기도
- 기름부음의 이해
- 내주하시는 성령 임하시는 성령
- 재정적인 번영에 대한 성경적 열쇠들
- 어떻게 하나님의 영으로 인도받을 수 있는가?
- 마이더스 터치
- 치유의 기름부음
- 그리스도의 선물
- 방언
- 믿는 자의 권세(생애기념판)
- 믿음의 양식
- 승리하는 교회

■ E. W. 케년
- 십자가에서 보좌까지 무슨 일이 일어났는가?
- 두 가지 의
- 놀라우신 그 이름 예수
- 하나님 아버지와 그분의 가족
- 나의 신분증
- 두 가지 생명
- 새로운 종류의 사랑
- 그분의 임재 안에서
- 속량의 관점에서 본 성경
- 두 가지 지식
- 피의 언약
- 숨은 사람
- 두 가지 믿음
- 새로운 피조물의 실재

■ 스미스 위글스워스
- 스미스 위글스워스의 천국
- 스미스 위글스워스의 매일묵상
- 위글스워스는 이렇게 했다
- 스미스 위글스워스의 능력의 비밀

■ T. L. 오스본
- 행동하는 신자들
- 기적 – 하나님 사랑의 증거
- 새롭게 시작하는 기적 인생

- 좋은 인생
- 성경적인 치유
- 능력으로 역사하는 메시지
- 100개의 신유 진리
- 24 기도 원리 7 기도 우선순위
- 하나님의 큰 그림
- 긍정적 욕망의 힘
- 당신은 하나님의 최고의 작품입니다

■ 잔 오스틴
- 믿음의 말씀 고백기도집
- 하나님의 사랑의 흐름
- 견고한 진 무너뜨리기
- 초자연적인 흐름을 따르는 법
- 당신의 운명을 바꿀 수 있습니다
- 어떻게 하나님의 능력을 풀어놓을 수 있는가?

■ 크리스 오야킬로메
- 여기서 머물지 말라
- 이제 당신이 거듭났으니
- 당신의 인생을 재창조하라
- 이 마차에 함께 타라
- 그리스도 안에 있는 당신의 권리
- 성령님과 당신
- 성령님이 당신 안에서 행하실 일곱 가지
- 성령님이 당신을 위해 행하실 일곱 가지
- 기적을 받고 유지하는 법
- 하나님께서 당신을 방문하실 때
- 올바른 방식으로 기도하기
- 당신의 믿음을 역사하게 하는 법
- 끝없이 샘솟는 기쁨
- 기름과 겉옷
- 약속의 땅
- 하나님의 일곱 영
- 예언
- 시온의 문
- 하늘에서 온 치유
- 효과적으로 기도하는 법
- 어떤 질병도 없이
- 주제별 말씀의 실재
- 마음의 능력

■ 앤드류 워맥
- 당신은 이미 가졌습니다
- 은혜와 믿음의 균형 안에 사는 삶
- 하나님의 참 본성
- 하나님은 당신이 건강하기 원하십니다
- 영 · 혼 · 몸
- 전쟁은 끝났습니다
- 믿는 자의 권세
- 새로운 당신과 성령님
- 노력 없이 오는 변화
- 하나님의 충만함 안에 거하는 열쇠
- 더 좋은 기도 방법 한 가지
- 재정의 청지기 직분

- 하나님을 제한하지 마라
- 하나님의 뜻을 발견하고 따라가며 성취하라
- 하나님의 참 본성
- 하나님의 최선 안에 사는 법
- 더 큰 은혜 더 큰 은총

■ 기타 「믿음의 말씀」 설교자들
- 성령의 삶 능력의 삶
- 복을 취하는 법
- 주는 자에게 복이 되는 선물
- 믿음으로 사는 삶
- 붉은 줄의 기적
- 당신이 말한 대로 얻게 됩니다
- 예수-치유의 길 건강의 능력
- 성령 안의 내 능력
- 존 G. 레이크의 치유
- 믿음과 고백
- 임재 중심 교회
- 성령충만한 그리스도인의 지침서
- 열정과 끈기
- 제자 만들기
- 어떻게 교회를 배가하는가
- 운명
- 모든 사람을 위한 치유
- 회복된 통치권
- 그렇지 않습니다
- 당신의 자녀를 리더로 훈련하라
- 오순절 운동을 일으킨 하나님의 바람
- 주일 예배를 넘어서
- 신약교회를 찾아서
- 내가 올 때까지
- 매일의 불씨
- 여성의 건강한 자아상

■ 김진호 · 최순애
- 왕과 제사장
- 새로운 피조물의 실재
- 믿음의 반석
- 새 언약의 기도
- 새로운 피조물 고백기도집(한글판/한영대조판)
- 성령 인도
- 복음의 신조
- 존중하는 삶
- 성경의 세 가지 접근
- 말씀 묵상과 고백
- 그리스도의 교리
- 영혼 구원
- 새로운 피조물
- 믿음의 말씀 운동의 뿌리
- 1인 기업가 마인드
- 내 양을 치라
- 새사람을 입으라

지은이 | 케네스 해긴 Kenneth E. Hagin

케네스 E. 해긴은 17세 때 선천성 기형 심장병과 불치의 혈액병에서 기적적으로 치유받은 후, 거의 70년이 넘도록 사역하였다. 해긴 목사님은 2003년 주님께로 가셨지만 그가 세운 사역은 지속적으로 온 세계 수많은 사람들에게 복이 되고 있다. 케네스 해긴 미니스트리의 사역으로는 무료 월간지인 「믿음의 말씀」, 레마성경훈련소, 레마 동창회, 국제레마사역자연합회, 레마 통신성경학교, 교도소사역 등이 있다. 해긴 목사님의 아들과 그의 아내인 케네스 W. 해긴과 리넷 해긴은 평일 라디오 프로그램인 레마 찬양과 매주 텔레비전 방송, 그리고 전국 대형집회 등의 사역들을 함께 하고 있다.

옮긴이 | 김진호

충북 제천 출신으로 육군사관학교(31기)를 졸업한 후 미국에 유학, 위스컨신 주립대학 경영대학원(경영정보석사) 및 필립스 신학대학원(M.Div.)을 졸업했다. 1989년 예닮교회를 개척하여 섬기던 중, 2000년 레마성경훈련소에서 1년간 수학했다. 현재 예수선교사관학교장과 새로운 피조물 미니스트리를 섬기고 있다. 저서는 「새로운 피조물」, 「새 사람을 입으라」, 「그리스도의 교리」, 「영혼 구원」 등이 있고, 번역서는 「믿는 자의 권세」 외 다수가 있다.